国有企业新型后勤服务管理模式设计与实践

李叶红　门芳涛　◎著

中国石化出版社
·北京·

图书在版编目（CIP）数据

国有企业新型后勤服务管理模式设计与实践 / 李叶红，门芳涛著 . -- 北京：中国石化出版社，2024.4

ISBN 978-7-5114-7469-8

I. ①国 ... Ⅱ . ①李 ... ②门 ... Ⅲ . ①国有企业 – 后勤管理 – 研究 – 中国 Ⅳ. ① F279.241

中国国家版本馆 CIP 数据核字（2024）第 058303 号

中国石化出版社出版发行

地址：北京市东城区安定门外大街58号

邮编：100011　电话：(010)57512446

发行部电话：(010)57512575

http：// www. sinopec-press. com

E-mail：press@sinopec. com

北京科信印刷有限公司印刷

全国各地新华书店经销

*

787毫米×1092毫米 16开本 12印张 203千字

2024年4月第1版　2024年4月第1次印刷

定价：78.00元

前　言

新一轮国企改革深化提升行动举措正在加快落地，本轮改革以服务国家战略为导向，以提高核心竞争力和增强核心功能为重点，坚定不移做强做优做大国有企业，充分发挥国有经济主导作用。

后勤服务领域作为大型国有企业内部价值循环的一个重要板块、高质量发展的一个重要组成、维护和谐稳定发展环境的一个重要支撑，正在受到各级国资国企领导的高度关注。通过后勤服务领域的改革，整合内外部资源，用市场化的手段做好承载，提供区域开放、集约共享的后勤服务，牵引生产组织方式变革、智能企业建设、倒班作息制度创新等，在强化内引外联、深化互利合作中创造更大价值。

胜利油田是特大型国有企业，于 2021 年 6 月正式启动构建新型后勤服务管理体系改革，以资源优化、提质增效为核心，以支撑主业、保障一线、服务员工为重点，着力构建企业抓总、区域协调、专业服务的工作格局，实现由单位管理、分散运营的管理模式向区域统筹、集约经营的管理模式转变，由自我服务、封闭运行的服务模式向开放服务、专业运营的服务模式转变，由多头投入、各自操作的资源配置模式向市场导向、系统优化的资源配置模式转变。经过两年多的实践运行，胜利油田新型后勤服务管理体系基本建成，体制机制优化调整到位，后勤服务质效提升明显，油地融合发展阔步前行，企业面貌形象显著改善。

在撰写本书过程中，笔者参考和借鉴了大量有关胜利油田新型后勤服务管理体系建设的资料和经验。同时，为了保证论述的全面性、合理性，还引用了许多专家、学者的观点。在此，谨向以上相关作者表达最真挚的谢意，限于篇幅，不能在此一一列举，敬请谅解。由于笔者水平有限，书中不妥之处在所难免，敬请广大读者批评指正。

目 录

第 1 章

后勤服务概述

1.1 后勤服务概论

1.1.1 后勤服务定义及重要性

从古代军事历史角度看，后勤活动自古有之，历代军事家对后勤均已有比较深刻的认识，但其用语多是对某些后勤具体事物的直观表述：军需、粮草、辎重、委积、粮道、营垒、疗伤等。但反映其本质属性的概念——“后勤”却是近代的产物。

近代，英美等国用以表述后勤活动的“logistics”一词，来源有三个：一是希腊文，意为计算的科学；二是拉丁语“Logista”，意为罗马或拜占庭军队的行政官；三是法语“Logor”，意为缩影。世界上比较认可的还是第一个：“后勤”一词源自希腊文，意为计算的科学。它起源于军队，与“前勤”相对，由于其与“内勤”意义相近，有时二者会被混用。

1838 年，拿破仑的政史官 A.H. 若米尼在其《战争艺术概论》一书中首次使用“logistics”一词，泛指军队运动和行军中的物资补给及设营、宿营等各项工作，并阐明了后勤与战略、战术的相互关系，认为后勤是一种综合性科学，是调动军队的全部力量所必需的。从而第一次提出了具有现代意义的后勤概念。在总结征俄失败的经验教训时，大量使用了后勤概念，并以此作为军事术语，此后，人们把后勤工作当作战争理论的重要组成部分。

我国古代军事文化遗产中的璀璨瑰宝之一——《孙子兵法》，开篇讲道：“兵者，国之大事，死生之地，存亡之道，不可不察也。”战争，自古以来就是国家的大事，它关系到军民的生死与国家的存亡。自从有了战争和军队，就有了后勤保障的说法，“三军未动，粮草先行”。在《孙子兵法·作战篇》更是指出：“凡用兵之法，驰车千驷，革车千乘，带甲十万，千里馈粮。”曹操作注：“欲战，必先算其费，务因粮于敌也。”就是说，打仗要先算算花多少钱，想想能不能从敌人那里搞到粮食，切实说明了后勤保障在战争中的重大作用。

由于生产力水平低下和科学技术落后，军队中参战的只有将士和战马，武器也仅限于刀枪棍棒，后勤保障十分简单，主要是粮草和战马的供给，即便是简单的后勤保障，也会对每一次军事行动产生重要的影响。比如三国时期的三大战役之一——官渡之战，面对兵力远胜于自己的袁绍，曹操派出 5000 奇兵，袭击袁绍的粮草集结地——乌巢，一举焚毁袁绍军队的全部物资，导致袁绍军队阵脚大乱、军心崩溃，主力部队几乎被消灭殆尽，由此，曹操一举除掉来自北方的威胁，为统一北方奠定了坚实的基础。

后勤，是一个组织或国家为了实现其目标而提供的一种支持性服务。它包括物资供应、运输、维修、保养、人员管理等多个方面。在近现代战争阶段，后勤保障对战争进程的影响越来越大。后勤的重要性不言而喻，它为组织的正常运行提供了必要的保障，是组织获得成功的关键因素之一。以朝鲜战争为例，一名美国军人平均有 13 个人负责其后勤供应，其中王牌部队美陆战一师，依靠美军在日本建立的后勤保障基地及到达连级的空运补给，每月 60 次正餐中平均 50.5 次可以吃到新鲜肉制品，其余 9.5 次为 SPAM 午餐肉，还全是热乎饭，一名士兵根本吃不完自己的配给。

在国内解放战争时期，各野战军的后勤补给主要采取的是在哪里打仗，就在哪里补给，可是在抗美援朝战争中这种方法就失去了效果。首先，朝鲜的物资本来就少，只能从国内运送，而当时志愿军的运输用具和后勤人员又很有限，平均每 35 名志愿军战士仅有 1 个人负责其后勤供应。其次，当时美军掌握着绝对的制空权，由于敌机的疯狂轰炸、昼夜封锁，志愿军后方供给线时常遭到破坏，前线口粮和副食供应更是难以得到保证。

在这样的情况下，英勇的志愿军战士仍旧依靠“一把炒面一把雪”，在正面战场上把 17 国联军打得毫无还手之力。在此期间，联军还经常利用空中优势，加大对志愿军后勤部队的打击，妄想使志愿军战士没粮食吃、没药品用、没子弹打。3 年作战中，联军飞机为轰炸朝鲜北方铁路线共投弹 19 万枚，近 10 万吨，平均每 7 米通车线路即中弹 1 枚，志愿军损失的各种汽车中，78% 的汽车是直接被联军飞机炸毁的。作战物资途中损失率高达 20%~30%。

面对敌人轰炸铁路线，志愿军后勤部运用各种灵巧的方法加以应对。例如：在很狭窄的山沟和高高的山崖处设立仓库，囤积物资，开设诊疗所；利用茂密的林荫隐蔽人员和车辆；在一些地区竖苇席、堆草袋，再在上面盖上树枝，敌机飞行员误以为是志愿军物资囤积地，朝低空一冲，就投掷汽油弹，用机枪扫射，无形中消耗了敌人的弹药；用破汽车进行伪装，引得敌军狂轰滥炸，几次这样的操作后，再把好汽车停在路中间，敌军以为还是坏车，因为敌军深知我军的交通运输能力，认为志愿军绝不敢将好汽车停在路中间，所以转几圈就飞走了。

志愿军部队建起了专门的后勤组织机构，先后设立了后方勤务司令部、政治部、干部部和各勤务专业部门。在抗美援朝的战场上，这种比较完整的后勤组织机构实实在在地为我军培养了大批后勤干部，后来，解放军部队的后勤组织机构也是根据抗美援朝战争的后勤建设经验组建起来的。

美国前总统亚伯拉罕·林肯曾经说过：“后勤是战争的生命线。”这句话深刻地揭示了后勤在战争中的重要地位。在现代战争中，后勤的重要性更是不言而喻。根据美国国防部的数据，2019 年，美国军事预算的 70% 拨给了后勤和供应部门。这些数据也足以证明后勤在现代战争中的重要地位。

彭德怀元帅曾多次讲过：“抗美援朝战争的胜利，百分之六十至百分之七十应归功于后勤。”聂荣臻元帅也曾在回忆录中讲道：“严格地说，我们是从抗美援朝战争中，才充分认识到后勤工作在现代战争中的重要性的。”

距离我们最近的一场战争也再次印证了后勤的重要性。俄乌冲突自 2022 年 2 月发生以来，俄军虽然占领了乌克兰的大片领土，但一败基辅、二败哈尔科夫、三败赫尔松的“拉胯”表现让许多军事家大跌眼镜。究其原因，除了存在诸如情报失误、装备老旧、战术呆板、信息化水平低等问题，在后勤保障中也暴露出大量突出问题，对军事行动造成了极大影响和惨痛损失。俄军用血的教训再次证明了现代战争打的就是后勤，后勤是决定战争胜负的关键因素之一。

后勤不单单在战争中发挥着重要作用，在和平时期也同样如此。根据英国皇家物流与运输学会的一项研究，一个组织的成功与否，其后勤部门的工作效率和质量起着决定性的作用。研究发现，后勤效率提高 1%，组织的运营成本就可以降低 3.5%。后勤服务在现代企业中扮演着至关重要的角色，它不仅为员工提供必要的支持和服务，还为企业的运营和发展提供重要的保障。

后勤服务对于员工的工作效率和生产力提高有着直接的影响。根据美国心理学会的一项研究，员工工作环境的舒适度和便利性可以提高他们的满意度和忠诚度，进而提高生产效率。例如，良好的餐饮服务、清洁和完善的办公环境等后勤服务，可以让员工更加专注于工作本身，而不会被琐事困扰。

后勤服务也是企业吸引和留住人才的重要因素之一。根据领英（LinkedIn）的一项调查，超过 60% 的员工认为企业的后勤服务质量是他们在选择工作时会考虑的因素之一。例如，提供灵活的工作时间和远程办公选项，可以吸引更多的人才加入企业，并提高员工的满意度和忠诚度。

后勤服务也可以帮助企业降低成本、提高效率。例如，通过优化供应链管理和物流流程，企业可以降低库存成本、运输成本和仓储成本等。此外，通过采用先进的技术和设备，如物联网、人工智能和自动化技术等，企业可以提高物流效率和准确性，从而减少错误和延误的发生。

1.1.2 现代企业后勤服务建设理论

随着社会的不断发展，人们在社会活动中对各类保障需求的认识越来越清晰，后勤的概念也从最初的军队外延到机关团体、企事业单位等各种社会组织，引申为“后方对前方以提供物质和技术保障为手段，以组织职能活动正常有序运转为目的的管理和服务保障工作，是完成组织职能、任务不可或缺的要素”。通过良好的后勤服务，激发人的积极性、主动性、创造性，从而促进企业高质量发展。

美国心理学家弗雷德里克·赫茨伯格于20世纪50—60年代提出的双因素理论——“激励—保健理论”，很好地展示了现代化企业中后勤服务保障的作用。他指出，人有两种彼此独立的需要，能够以不同的方式影响人们的行为。如图1–1–1所示。

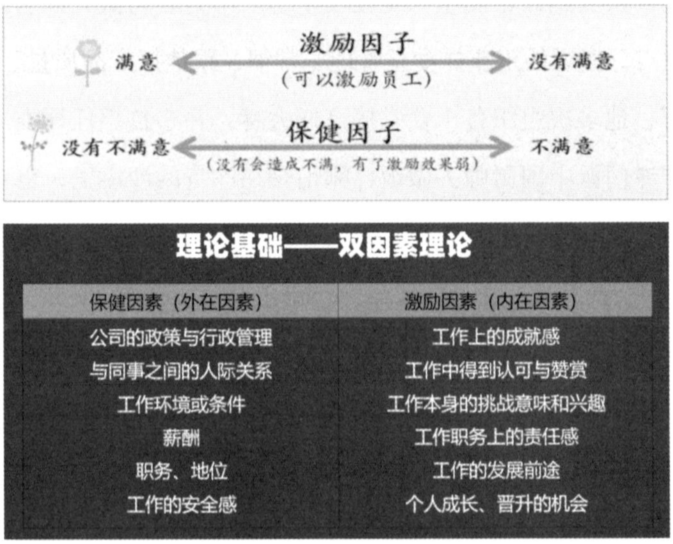

保健因素（外在因素）	激励因素（内在因素）
公司的政策与行政管理	工作上的成就感
与同事之间的人际关系	工作中得到认可与赞赏
工作环境或条件	工作本身的挑战意味和兴趣
薪酬	工作职务上的责任感
职务、地位	工作的发展前途
工作的安全感	个人成长、晋升的机会

图1–1–1　双因素理论内涵

满意因素是指在工作中能够给员工带来满意感、能够激励员工的因素，称为激励因素，这类因素和工作本身的内容有关，比如成就、赏识、挑战性的工作、增加的工作责任及成长和发展的机会等，涉及员工对工作的积极感情。

不满意因素是容易产生意见和消极行为的因素，即保健因素，这类因素都是工作以外的因素，比如公司政策与管理、监督、人际关系、物质工作条件、工资、福利等，如果满足这些因素，就能消除不满情绪，维持或提高原有的工作效率。而一旦处理不好这类因素，就会使员工产生不满意的感觉，导致郁闷、沮丧、消极怠工、缺勤等结果，进而影响工作质量和工作产出，降低工作效率。我们所说的企业后勤服务，就是研究如何高效利用有限成本切实提升工作环境和工作条件，从而提升人的工作效率。

以互联网公司阿里巴巴为例，其总部西溪园区内目前有8幢大楼，集员工的工作与生活于一体，厂区内有银行、快递点、邮局、饮料服务站、超市、书店、健身房、星巴克咖啡店，这不仅是一家企业，更像是一个小生活社区。这里的食堂就餐量每天有2.4万人次，这里的一日三餐是企业团队战斗力充分发挥的重要保障。

华为公司在发展初期就非常重视吃饭的问题，即便有时候发不出工资，给员工开白条，在吃饭方面也绝不缺斤短两、将就应付。早些年，团队经常熬夜搞科研攻关，任正非会亲自督促大师傅做夜宵，慰问一线人员，搞得不少人都以为他是食堂的大师傅，许多员工第一次见到任正非也都是在食堂里。华为公司做大以后，后勤服务也一直是他关注的重点，据说任正非抓食堂管理非常细，跟他抓产品质量、科研攻关一样，为了让员工吃好，他多次组织各个食堂搞烹饪大赛，并亲自担任评委。对于长驻海外的员工，任正非专门派中国厨师去做饭，哪怕是在沙特的沙漠里，也要求不计成本保证海鲜的供应。

后勤服务不仅会提升现代企业的战斗力，还会产生大量的经济效益。2014 年，在资本市场效应下，为追求价值最大化，地产集团纷纷拆分物业成立独立的运营主体，开始相对独立化运作。借助资本红利，以绿城服务为代表的后勤服务企业迅速走完“服务标准化、服务产品化、产品品牌化、品牌价值化”的发展历程，承接了大量小区住宅、产业园区的后勤服务工作，形成产业规模优势。2019 年，以“四保一服务”（保安、保洁、保绿、保修和客服直属单位）为基础，以用户需求为导向，以增值服务项目为主要盈利点，各大后勤服务企业初步形成以基础服务、人才管理、多种经营等内容组成的战略与服务体系，实现经营收入稳步上升。2022 年，58 家上市物企净利润均值达 2.14 亿元。

绿城服务形成“服务改善生活”的服务理念与“以人为本”的服务宗旨。温暖总在细节处体现，只有真正享受过绿城服务的人，才懂得它的与众不同。新冠疫情反复期，及时送上防疫物资，及时解决业主各种难题；雨雪风霜过后，园区的路总是洁净如初；早出晚归的你，总能遇到相熟的保安亲切问好；24 小时客户专线，5 分钟解决报修生活难题，从园区安全、环境与设施维护，到业主家婚庆、乔迁及夜间陪送、陪诊等，绿城服务以“业主满意度为核心”，构建起物业全龄段管理体系。

1.2 油田后勤服务发展历程

60 年来，胜利油田步履坚定地走过了建设油田、发展油田、经营油田三大发展历程。作为与主业生产相生相伴的后勤服务，也走过了从自力更生、自我管理（1961—

1996年），到专业化服务、区域化管理（1997—2012年），再到全面深化改革、可持续发展阶段（2013—2020年）的发展历程。每一个历史阶段的转折点，都是后勤服务与时俱进、自我完善、接续奋斗的起点。作为企业管理体系的重要组成部分，后勤服务在油田开发建设各个阶段都发挥了重要的、不可替代的作用。

1.2.1 自力更生、自我管理阶段

早在20世纪60年代石油会战初期，油田就向当地政府借地种粮、借宿民宅，首先解决了职工吃饭、家属团聚两大问题。后来，随着生产规模的不断扩大，按照“工农结合、城乡结合、有利生产、方便生活”“地上服从地下”等原则，开始了“大庆加大寨”的矿区建设探索，逐步完善了职工宿舍、食堂、卫生所、幼儿园、学校等属于自己的后勤保障服务。如图1-2-1所示。

图1-2-1　20世纪60年代油田生活场景

1962年，油田建立了第一所卫生所——华东石油勘探局勘探一大队医务所。1964年，油田建立了第一所托儿所——胜利第一实验幼儿园前身，建立了第一所学校——九二三厂职工子弟学校。1965年，首次建立了相对固定的9个家属居民点。随着油田规模、产量的不断扩大，职工、家属队伍规模也迅速增长，后勤服务保障力量与之相适应也快速增长。在这一时期，医疗、教育等机构和人员的规模都是非常大的。

职工住所，实现从早期的“地窝子、干打垒”到连排式砖瓦平房。到1995年底，油田住宅总面积达818.6万平方米，户均使用面积达36平方米。卫生事业机构共有

228个，卫生技术人员共有5975人，每千人口病床数和卫生技术人员、医生、护士的人数，均高于全国平均水平。到20世纪90年代中期，油田后勤服务机构人员数量达到历史最高水平，这是与油田生产规模和产量相适应的。如图1-2-2所示。

图1-2-2　1992年胜利油田后勤规模

这个阶段很重要的环境改变发生在1993年，党的十四届三中全会通过了《中共中央关于建立社会主义市场经济体制若干问题的决定》，确定了“我国经济体制改革的目标是建立社会主义市场经济体制”，并首次提出国有企业要建立产权清晰、权责明确、政企分开、管理科学的现代企业制度。在这种形势下，中国石油天然气总公司提出，要进一步探索后勤服务市场化、社会化、专业化发展。1989年，胜利油田会战指挥部更名为胜利石油管理局，结束了会战体制，朝着建立现代企业制度迈出实质性步伐。相应地，油田所属二级单位也组建了独立的后勤服务保障体系，负责本单位的后勤服务运营工作。

1.2.2　专业化服务、区域化管理阶段

1996年8月，中国石油天然气总公司在中原油田召开改革与管理经验交流会。根据会议精神，油田按照总公司解体“小而全”、建立以油公司为核心的企业集团的要求，把原先各二级单位的教育、卫生、房产、房建、物业、生活服务、治安保卫等部分分离出来，组建社区管理直属单位，实行专业化服务、区域化管理。

1997 年 1 月，试点成立仙河社区管理直属单位，标志着油田社区专业化改革进入实施阶段。同年，按区域先后成立了 10 个社区管理直属单位，社区内部采用区域管理与系统管理相结合的矩阵式管理模式，分片承担物业管理、学前教育、医疗卫生、市政管养及特殊群体管理服务等工作。社区改革作为 1997 年油田深化改革的一个突破口，也是结构调整的一项重大举措，为下一步建立油公司体制，实施经济结构调整打下了良好基础，提供了社会保障。如图 1-2-3 所示。

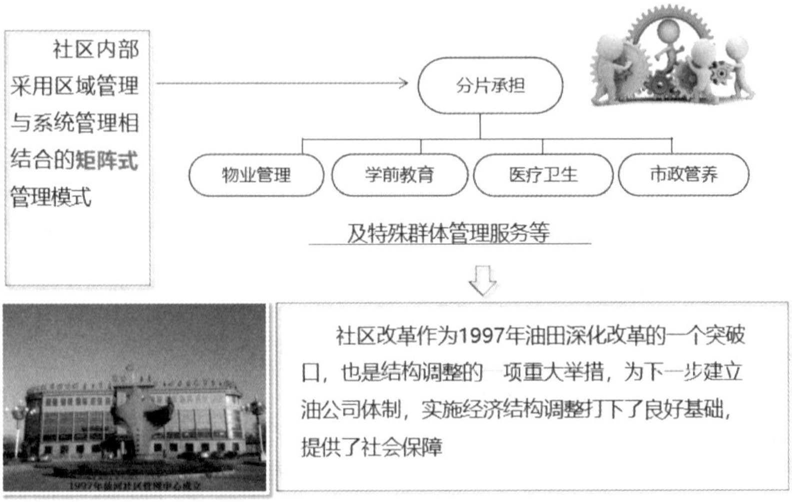

图 1-2-3　1997 年胜利油田社区管理直属单位管理架构

2004 年 12 月，根据国务院办公厅《关于中央企业分离办社会职能试点工作有关问题的通知》精神，2005 年开始中小学移交工作，设立三年过渡期，将油田 63 所中小学及相关机构，一次性成建制移交东营市政府管理。同年，东营市成立胜利教育管理直属单位。这也标志着油田承建的中小学率先纳入政府大体系，统筹管理运行。

2007 年，油田水电气暖实施专业化管理。对社区管理直属单位相应业务实施划转归并，业务及相应资产、人员分别整合到供水公司、电力管理总公司和油气集输总厂。整合 8 个社区的供暖业务，组建了热电联供直属单位。专业化改革使矿区服务朝着城市化、专业化再次大步迈进。

此时的油田，正如集团公司在文明和谐示范小区创建部署会上所说的，勘探开发、石油工程和矿区服务是整个油田系统的“三驾马车”，不可或缺，共同承担着打造集团公司上游“长板”的光荣使命。其间，矿区服务板块承担着生产一线退出人员的岗位安置任务，发挥了支持主业重组上市、存续业务扭亏脱困、油田协调发展的蓄水池、稳定器作用。此后，按照上市非上市一体化运行的思路，在油田层面初步建立了矿区建设决策部署、投资管理、考核监督、共建共享等统筹协调机制，为理顺矿区管理和建设关系、提升服务水平、增强保障能力提供了有力支撑。

1.2.3 全面深化改革、可持续发展阶段

2013—2020 年，对国有企业来讲，要完善市场化竞争机制，不仅仅针对后勤服务，整个体系都要这样，所以我们要顺应形势，大力推动办社会职能的分离移交。其间，完成职工住房不动产登记工作：油田共有职工住房 22.86 万套，横跨 6 个地市、分属 14 个县区，住房建设过程历时较长，涉及房改房、单位集资建房、自建商品房等多种住房，沉淀了大量历史遗留问题，特别是相关房地资料与 2016 年实行的不动产登记新规定要求差异非常大，不动产登记难度很大。自 2018 年启动以来，历经强基固本、处遗攻坚、提速收尾三个阶段，完成出证 20.52 万本，创出了胜利速度，形成了东营模式，办成了多年来想办的一件大事，为油田职工住房市场化建设打下了坚实基础。如图 1–2–4 所示。

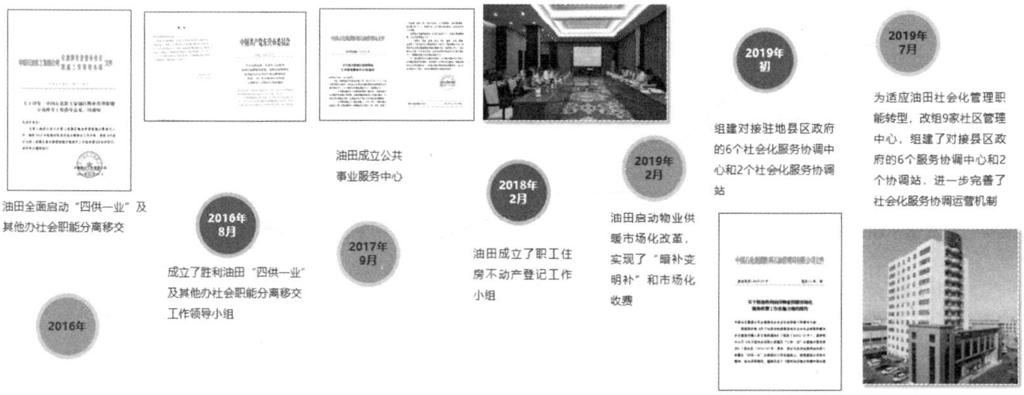

图 1–2–4 可持续发展阶段大事记

完成办社会职能分离移交后，实现了多赢。油田更加集中精力聚焦主业发展。地方政府公共服务体系进一步完善，治理能力明显提升。近几年，油地共同有效应对了

“温比亚”“利奇马”等极端灾害天气，实现了“四个不发生”。尤其是在新冠疫情防控方面，油田之所以能够实现这么好的防控效果，就是因为油地一张网、一盘棋，形成政府主导、属地管理、企业配合的良好局面，很好地应对了新冠疫情带来的挑战。也说明，以“融入地方、服务居民”为核心的社会化服务协调运营机制经受住了考验、发挥了重要作用。

回顾历史，我们不难发现，油田后勤服务体系作为现代企业管理体系的重要组成部分，从来都不是孤立的，而是与之相适应的。随着社会主义市场经济体制的不断完善，国有企业后勤服务改革方向就是市场化、社会化、专业化方向，现在这个方向越来越清晰，也成为大势所趋。

1.3 后勤服务发展趋势

目前，随着油田高质量发展的不断深入，各领域越来越重视成本控制，油田后勤部门服务管理工作的重要性越来越突出。在这种形势下，油田后勤部门抓住机遇、迎接挑战、快步跟上油田改革的步伐，为油田的发展和建设添砖加瓦，是每位油田后勤工作者的责任。通过对近些年来国内后勤服务管理工作的发展情况进行分析可以发现，油田后勤服务管理工作正在向着市场化、社会化、专业化的方向发展。

市场化是一项在开放的市场中，以市场需求为导向，以优胜劣汰为竞争手段，实现资源充分合理配置，以及效率最大化目标的机制。通过市场化改革，高效配置资源，使资源实现集中管理、集约经营，设施设备、场地场所、人力资源都得到最大限度的优化。建立甲、乙双方经济关系，实行契约管理、合同管理是市场化改革的外在表现，市场化的本质是高效配置资源。

社会化聚焦主责主业，打破自我服务、封闭管理格局，通过向社会购买（提供）优质服务，改变“大而全、小而全”的大包大揽格局。将后勤业务置于社会主义市场经济体制下的社会化分工格局中，加强与相关单位的工作衔接，做好业务对接，也就是要在更广的范围内获得资源、利用资源。

在专业化产业部门或学业领域中，根据产品生产或学界层面的不同过程而分成各业务部分，这个过程就是专业化。通俗地讲，就是让专业的人干专业的事。例如，我们将业务不断细分，成立房产管理维修直属单位、矿区物业服务直属单位、机关管理服务直属单位、热力分公司等专业化公司统一承接房产服务、物业服务、食堂公寓、热力运维等业务。

第2章 新型后勤服务管理体系构建设计

2.1 新型后勤服务管理体系构建背景

2.1.1 背景分析

2021年，随着油田迈入“十四五”时期，翻开了建设领先企业、打造百年胜利新篇章，跨入了高质量发展新阶段，面对新形势、新任务，油田现行后勤服务管理体系面临着新的挑战。从胜利油田发展的未来趋势看，构建新型后勤服务管理体系既是大势所趋，更是必然要求。油田提出构建新型后勤服务管理体系，主要基于两大背景。

一是完成办社会职能分离移交主体任务，进入过渡期，过渡期间尤其是过渡期最后一年，后勤服务板块很多干部员工产生了焦虑和彷徨情绪。过去，我们服务社区和居民，业务已经移交了，我们该何去何从？大家对未来有许多的担心，渐渐出现了一些不稳定的情绪。

二是油田完善现代企业管理体系工作取得决定性成就、实现历史性变革。一方面，随着油公司改革持续深化，管理效能和经营创效能力整体提升，需要建立与之相适应的新型后勤服务管理体系以提供支持保障。继2018年电力、天然气、生产用车、井下作业、物业服务和技术监督等业务专业化整合全面完成之后，应急救援、动态监测、注汽、地面工程维修、房产维修、宣传文化、护卫、培训和老年服务等业务专业化整合也相继完成，专业化管理整合工作驶入快车道，油田专业化管理、市场化运行大格局基本形成，后勤服务是油田最后一个专业化改革的板块。

另一方面，尚未实行一体化统筹的后勤服务管理体系，也逐渐暴露出自我服务、各自操作、分散运营、资产资源利用率低等问题。主要表现为“三个不相适应”：后勤服务模式与油田建立现代企业制度的要求不相适应；后勤服务水平与员工群众的期盼不相适应；生产办公设施资源优化利用与“推动高质量发展、建设领先企业、打造百年胜利”的要求不相适应。

正是因为这些“不相适应”，构建与油田高质量发展相适应的后勤服务管理体系、促进资产资源优化增效才不可避免地摆在我们面前。2020 年下半年，油田提前研究了分离移交后时代后勤服务转型发展思路。2021 年 6 月，油田正式提出了构建新型后勤服务管理体系的部署要求。走出一条立足油田实际、符合发展方向的后勤服务改革发展之路势在必行。

马克思主义认为，在生产方式中，生产力起决定性作用。生产力决定生产关系的性质、形式和发展方向，有什么样的生产力就会产生什么样的生产关系。社会并不直接推动生产，而是通过生产关系的作用影响生产力的发展。生产力发展到一定阶段，就会或迟或早地引起生产关系的根本变革。当生产关系中的某些方面阻碍生产力发展时，就必须要及时采取有力措施，调整和改革与生产力发展不相适应的东西。现代企业管理体系是生产关系在企业中的一种表现，后勤服务管理体系作为生产关系的一部分，在企业进入市场化阶段后，生产力发展就对生产关系调整提出了必然要求，封闭的后勤服务管理模式与开放的市场运行环境不相适应，阻碍了生产力的发展，因此构建新型后勤服务管理体系是推动资产资源盘活优化、提质增效的重要途径，更是构建现代企业管理体系的重要组成部分。

油田多年来积累的房屋维修、物业服务、热力运维、食堂管理、公寓服务等专业力量的作用没有得到充分发挥，人才、管理、品牌等优势没有实现价值最大化。几家专业化服务单位，包括协调直属单位在内许多矿区的维修、热力、物业、餐饮及公寓等方面的专业技术人才，几乎都分散在各个单位里，造成人员数量分布小而散，形不成强大力量。通过专业化改革，把这些力量集中起来提供专业化服务，就能更好地支撑油田发展，也就形成了油田抓总、区域协调、专业服务的格局。同时，坚持市场化、社会化、专业化发展方向，打破单位界限，优化资产资源，用好专业力量，推动服务开放，更好地为主业服务，更有助于主业单位从烦琐的后勤事务中解脱出来，集中精力发展主业。

生产办公资产资源优化盘活、提高利用效率效益，是油田高质量发展的内涵要求。当前，油田矿区生产办公资产资源利用率较低，总体上存在功能不完善、布局不合理、基础设施老化、资产资源急需优化盘活等问题，这与油田在更深层次、更大范围促进资源优化配置的要求，与建设领先企业、打造百年胜利的愿景目标、形势任务不相符合。从集约、集中、共享的角度看，构建新型后勤服务管理体系，有利于统筹油田资产资源，加快资产资源盘活优化和提质增效，促进房产、土地等高效利用，优化矿区环境和企业形象。

2.1.2 建设意义

（1）构建现代企业管理体系，打造世界领先企业的需要

党的十九大和二十大分别作出“培育具有全球竞争力的世界一流企业”“加快建设世界一流企业”战略部署，为国有企业改革发展指明了方向。自2014年以来，油田全面实施以“扁平化架构、科学化决策、专业化管理、市场化运作、社会化服务、效益化考核、信息化提升”为核心和内涵的油公司体制机制改革，扁平化架构、专业化管理、市场化运作的管理模式得到基本确立，特别是近几年完成了办社会职能分离移交这一重大改革任务，为建立健全现代企业管理体系、轻装上阵打造世界领先企业奠定了重要基础。由于油田后勤服务业务长期以生活服务为主，而且由各直属单位各自建设、独立运营，办社会职能分离移交改革全面完成后，后勤服务资源配置“大而全、小而全”、重复建设等问题逐步显现，不同程度地存在管理不规范、保障不到位、服务水平低等问题，封闭管理、自我服务的后勤保障模式与油田市场化运作、专业化管理、社会化创效的运行机制不相适应，构建与油田高质量发展相适应的新型后勤服务管理体系，成为油田全面构建现代企业管理体系、打造世界领先企业的紧迫任务。

（2）支撑油田资产资源优化，服务油藏经营价值最大化的需要

油田企业生产布局具有“点多、面广、线长”的特点，基层单位特别是现场班站大多位置偏远，距企业驻地较远，缺少市政配套设施。受油田生产布局和传统开发建设模式的影响，基层站点普遍存在占地面积较大、办公场所分散、食堂公寓未能实现共享等问题。随着生产信息化程度不断提升、一线生产用工持续减少，闲置场站、建筑设施暴露出较多的问题：一方面，增加了土地使用税、房屋使用税及维护费用；另一方面，设施陈旧老化、后勤服务水平不高与员工群众期盼不相适应，与建设世界领先企业的目标要求存在较大差距。以职工食堂为例，油田拥有398家食堂，单日就餐人数在50人以下的就有250家，资源配置效率低下，既存在重复建设问题，也存在非单位员工无法就近就餐问题，特别是专业化单位员工就餐不方便，同时，有的食堂服务标准低、管理不规范，基层员工对此反应较为强烈。因此，迫切需要以价值思维、效益观念为指导，加快构建新型后勤服务管理体系，把资源优化、提质增效贯穿体系构建全过程，统筹做好生产区、办公区房屋土地等资产资源的优化盘活和改造提升，将资源优化利用与改善油田生产一线工作环境和办公、生活条件相结合，减少土地占用和闲置站点维护费用，助推油气生产组织方式变革，以高质量后勤服务保障油气主业高质量发展。

（3）优质高效服务职工群众，激发员工和企业发展活力的需要

由于历史沿革，油田所在区域与城市公共服务体系相互脱节、各自建设。油田办社会职能移交给地方政府后，如何畅通油田职工获得公共服务的有效渠道，保障油田职工更加充分地享受地方政府高质量的社会化服务，成为油田后勤服务的新课题。为此，必须贯彻新发展理念，构建新发展格局，通过推动矿区资产资源统一管理、集约利用、集中共享，对内统筹推进优质高效服务职工群众，对外构建职工群众获得社会化服务的纽带和桥梁，打造关心关爱员工服务品牌，满足员工群众对美好生活的期盼，促使员工全身心投入企业生产经营各项工作中，激发企业可持续发展活力。

2.1.3 构建难点

（1）新型后勤服务发展战略需进一步明晰

随着油田新型后勤服务管理体系的逐渐完善，许多员工群众对新型后勤服务业务的下一步发展方向更加关注。调研发现，当前油田各层面对后勤服务保障业务发展问题产生了一些模糊的认识和意见分歧。一种观点认为，结合油田后勤服务体系现有人员、资源状况及相关政策，油田后勤服务保障应该走以依托社会、购买服务为主的发展路径，构建新型后勤服务体系只是消化存量的一种过渡方式；还有一种观点认为，随着老龄化社会的发展和油田作为特大型国有独立工矿区的实际，后勤作为打造百年胜利的“刚需”，必须立足“以我为主”，以社会化服务为补充，充分运用市场化手段，打造一条新型后勤服务产业化发展的新路子。这些不同的观点和认识，事关油田新型后勤服务体系的发展定位，对油田新型后勤服务体系的发展模式具有重大影响，有必要尽快予以明晰，以促进新型后勤服务体系建设科学发展。

管理能力与管理幅度不匹配。房产管理维修直属单位现有员工 466 人，其中管理人员 50 人，技术人员 203 人，技能操作人员 213 人，目前已完成全油田的房产服务承接工作，服务面积达 109 万平方米，负责实施各单位办公房产本体维修和安全隐患治理、设备设施更新、水电气讯等系统性维修改造提升。由于人员、设备等能力有限，难以及时满足主业单位房屋本体维修和安全隐患治理等的迫切需要，存在安全隐患治理项目排队等待的“堰塞”现象，为主业单位 QHSE（质量：Quality；健康：Health；安全：Safety；环境：Environment）工作带来不确定性影响。后勤服务承接运行遇到瓶颈。由于坚持先易后难、平稳推进的原则，后勤服务承接运行工作发展不够平衡。目前，城区范围内房产服务、热力运维服务、物业服务已全部承接到位，食堂公寓服务基本承接到位，但矿区范围内除房产服务完成承接，物业服务、热力运维服务、食堂公寓服务等业务承接进度刚刚达到 50%，且由于这些业务与矿区改造提升项目相挂钩，采取矿区改造提升一片、业务承接跟进一片的方式，导致城区、矿区后勤服务承接运行出现“双轨制”。

员工服务大厅管理需进一步规范。目前，《员工服务管理办法》《员工大厅服务标准规范》等基础制度尚未制定出台，明确服务标准、统一服务流程、规范大厅管理、明确考核评价的制度基础尚不牢固。同时，由于大厅服务资源集成度高，业务部门与服务大厅的关系尚需理顺，大厅具备“一窗办理”能力的员工占比偏低，尚达不到 30%，需进一步组织开展各专业人员培训、能力提升等工作，大力提升员工复合服务能力。

（2）市场化、高端化业务有待拓展

后勤服务板块历经多次改革调整，人员、机构、职能发生了显著变化，体制机制、运行模式、文化氛围发生“切换式”调整，价值引领、业务优化、提质增效都面临新情况新问题。低端化业务占比偏高，创效能力薄弱。幼教、医疗卫生相关业务领域普遍存在以劳务输出为主要创效方式的情况，以“管理+技术”为核心的高端服务价值创造能力没有得到充分展现，在居家养老、子女托管、区域卫生健康、文体服务等增值业务开拓方面力度偏小。2022 年上半年，8 家服务协调单位人均创收额同比减少 0.63 万元，万元人工成本创收额同比减少 704 元，其中学前教育和医疗卫生年人均创收额不足 3 万元；2022 年下半年，热力人均创收额同比减少 4.34 万元，万元人工成本创收额同比减少 3350 元，加大业务转型发展力度迫切性凸显。

市场化创新创效措施办法不灵活。城区的食堂餐饮大多满足于服务员工一顿午餐，在运用市场化手段，充分激活现有人员、设备、场地开展社会化增值服务方面探索力度不够，2022 年上半年油田餐饮业务持续亏损，亏损额超过 1000 万元；一些服务协调单位在矿区资源优化、改造提升和后勤服务工作中，区域管理协调作用发挥不够充分，如对土地资源价值挖掘不够深入，满足于“收租子”，缺乏围绕价值促提升，梳理整合油田土地资源和地方政府政策资源，提升土地利用率和使用价值的主动性、创造性。

人才资源利用效率不高。对于矿建、预算等一些高价值人才，一些单位在任用上仍着眼于劳务输出挣补贴，固化人员和单位，降低了劳动效率，缺乏开展业务承揽等方式，缺乏激活人才创造更大价值、提升劳动效率的眼界和魄力。需要通过持续深化改革，完善相关支撑保障政策机制，释放油田后勤服务板块在价值化引领、专业化整合、市场化运作、社会化创效方面的潜力和空间。

（3）平台化发展模式有待创新完善

作为一个具有 60 多年发展历史的资源型大型国有企业，传统的层级制、职能化管理模式对新型后勤服务体系的构建影响不容低估。但在新型后勤服务单位“我有他用”新情况下，依赖原有“职能化”指挥管理模式开展工作，会带来一些负面效应，如因干预过多造成合作方误解，因双重安排而加重基层负担，等等，使工作效能大打折扣。如何从现实需要出发，以用户和场景为直属单位，在厘清职责关系、强化支持保障、优化机制流程上下功夫、破难题，在推动构建责权适当匹配、运行通畅高效的平台化、分布式组织上见真章、出实效，集中资源打造平台，串联各种服务资源和流量，充分发挥“品牌＋管理＋技术”的优势，通过集成化创新提供更多增值服务，尚缺乏深入研究和实践。

2.2 行业内后勤服务发展现状

江苏紫京有限公司（以下简称“紫京公司”）是中国石油化工集团有限公司江苏石油勘探局有限公司下属全资子公司，是一家以物业为主体，以酒店、农业、商贸为支撑的综合性后勤服务企业，拥有国家一级物业管理资质，作为石油石化系统内较早走向市场的服务企业，其市场遍布国内16个省（自治区、直辖市）、海外13个国家，营收近4亿元。近年来，紫京公司以对标一流管理提升行动的实践，深耕服务主业，聚焦管理价值提升，构建“以体系凸显价值、以动力激活价值、以平台共创价值”的三维立体管理构架，推动人、财、物等市场资源要素向更大价值领域流动，在更大的市场格局、更优的市场口碑中，持续擦亮“中国石化优秀服务品牌”，目前已成为中国石化大后勤管理的标杆企业。

2.2.1 管理体系现状

紫京公司以服务为根，因服务而兴。通过对标所在地区、所属行业更高级别的服务标准，明确改进目标，建立健全各业务、各层级的服务体系，带动管理效益的更大化。

简化全过程的管理流程，紧盯现场，加强体系顶层设计，精炼现有制度标准，编制了以《现代新型企业后勤管理与服务规范》为基本遵循，以“常规范”“常检查”“常整顿”等“七常”管理为基本标准，涵盖物业、酒店、农业、商贸四大业务板块，全业务、全产品、全岗位的“1+1+4”标准体系。目前，紫京公司已从三级标准体系总体压减为两级，压减率32%，有效提升了管理效率，以统一服务标准、统一服务形象打造“一店一品”服务样板。

优化全领域的管理方案，扎根市场，不断提升15年高端服务的管理成果，不断总结新冠疫情期间中科炼化、广州工程等高质量服务保障的管理经验，不断完善消防、安全等新增服务领域的管理方法，构筑了石油石化、电力等厂矿物业细分领域更专业的管理“堡垒”。同时，打造餐饮、农产品、酒店的信息沟通、产品交易、客户管理一站式在线管理平台，形成自有电商和社会电商相互促进的服务终端，打造紫京服务的综合解决方案。

量化全价值的管理模型，通过对市场运营大数据的积淀和分析，归纳提炼出“六标一链一提升”管理模型，以全生命周期服务指标的量化，延伸从项目投标到项目对接，再到项目运营的价值链条，形成了高效服务的响应机制，在北部湾港务集团等多个项目运营中，实现了快速启动、精准保障、品质服务，项目平均利润率提升 15% 以上。

2.2.2 管理机制现状

紫京公司在油田改革中应运而生、不断壮大，通过对标市场化运营机制，持续深化改革和加强数字化成果运用，不断提升管理效率。建立项目化运营单元，压缩管理链条，优化法人治理层级至 2 级；按照“公司—项目”的管理模式，搭建直接面向客户终端，直线型、扁平化的组织构架，公司领导班子成员副职兼任分 / 子公司总经理，执行力更高、引领力更强。积极推进自主经营、自负盈亏的项目化运行模式，将管理集中上提，减少基层创效主体的管理压力，减少末端管理层的无效行为，将创效机构变成利润直属单位。持续为市场运营项目和单元赋权赋责，除了项目负责人薪酬、选聘、考核，充分下放项目团队组建权、绩效考核分配权等 10 项自主权和执行权，重点项目人均劳动效率整体提升 35%。

完善市场化经营机制，健全公司法人治理结构，建立健全以公司章程为核心的制度管理体系和董事会向经理层授权管理制度；以任期制和契约化管理为基础，推行公司经理层成员任期制和契约化管理，在 3 个区域分公司和 5 个重点项目经理岗位推行模拟职业经理人制，以契约化管理实现干部“能上能下”、以刚性考核实现员工“能进能出”、以目标业绩实现薪酬“能增能减”。同时，配套“人力资源池”运行模式，通过竞争上岗、转岗培训等举措，推动油田 39 名富余员工向域外市场一线等缺员和创造价值更高的岗位流动。

实施数字化信息联动，全力构建“经营管理综合数据系统”，构筑“一体化视频监控网络”，通过整合各市场、各业务、各项目经营情况，实现订单、销售、库房动态数据，以及供应商、甲方、消费者信息资料提前预警，搭建在信息化支撑下，成本管控、考核把控、财务掌控的经营决策和风险监督平台。

以信息资源的随时联动，持续推进区域集中采购、多法人税务筹划、资金分灶吃饭等管理举措，及时化解对外付款、业务外包、合同履约等管理风险，实现管理既注重结果又关注过程，既完成当期考核指标又注重长期发展的积累。

2.2.3 管理平台

紫京公司立足市场一隅，连接市场一片。通过对标系统管理的理念，打造“跨板块、跨企业、跨产业”开放管理平台，把分散的要素和力量汇聚到价值创造上来，实现管理效能最大化。整合内部资源，站位于公司层面，打造物业、酒店、农业、商贸全产业链发展战略和拓市联合体，通过增资、注册紫京物业管理集团有限公司，将原各分 / 子公司的资质、营收等资源集中起来，形成大物业平台，具备了进军所有中高端物业市场的投标资质，不断筑牢广西、北京、江苏等五大区域核心市场。同时，建立以契约为纽带的市场经济关系，按照市场交易的原则，在形成市场区域化、业务专业化的基础上，对资源进行重构、融合、运营，实现了向国家管网、东油沥青、南京工程、金陵石化等重点市场的不断延伸。

协同优势资源，发挥酒店、品牌等资源优势，加强与相关企业的战略合作，与石化员工团购网共同打造共商共建的合作链，推进双方线上线下市场渠道的深度合作。与广西自贸区巴沙燕窝公司合作创立“紫京巴沙燕窝”品牌，搭建连接东南亚燕窝、榴梿等特色主产区和本地消费者的服务桥梁。与北港商贸签订战略协议，以委托授权、管理输出等管理方式，共同探索酒店、商贸等业务领域更大的发展空间。以商业模式创新，加强社群经济建设，逐步形成“品牌 + 市场”“产品 + 渠道”“便利 + 餐饮”等经营模式，推进了市场共建、价值共赢。

融入社会资源，开展精准扶贫，通过消费扶贫方式为广西钦州定蒙村销售当地富硒软香紫米。承担江苏淮安“有机水稻社会化服务”重点课题，践行绿色低碳发展理念，引领带动当地农民共同致富。在新冠疫情期间，以坚强有力的服务保障，全力做好小区居民生活必需品的保供，为入住紫京酒店的138名隔离人员提供优质服务，实现了紫京服务更广的联结、更大的价值、更强的赋能。

2.2.4 调研发展建议

一是让管理提升成为成就更大品牌的实力。管理是从标准到品牌不断进阶的基层实践。作为门槛低、竞争激烈的服务行业，紫京公司持续完善制度化、精细化、系统化的管理体系，筑牢管理根基，凸显服务价值，实现了从最初做服务，向做标准，进而向做品牌的提质升级，打造紫京服务的核心竞争力。

二是让管理提升成为实现更多熵减的张力。管理是破除也是创新，是活力更是动力。紫京公司始终坚持市场化发展之路，不断破除旧机制的惯性，以差异化的势能，不断推动人力资源、信息资源的价值流动，营造以奋斗者为本的组织氛围，驱动管理更加顺畅、更加高效。

三是让管理提升成为连接更广资源的能力。管理不仅是点上的效率，还是线上的效率，乃至面上的效率。紫京公司着眼于构建更大战略平台，从市场项目的单点创效，到整体服务的解决方案，再到企业之间的协同发展，乃至融入更大的产业生态，在点、线、面的动态联动中，推动实现管理价值再创造。

2.3 新型后勤服务管理体系顶层设计

新型后勤服务管理体系区别于传统后勤服务保障方式，更适应油公司改革发展要求，以资源优化、提质增效为核心，以支撑主业、保障一线、服务员工为目标，实现后勤服务保障资源优化配置与运行协同高效的全要素有机组合。

2.3.1 新型后勤服务管理体系含义

以资源优化、提质增效为核心，以建设区域统筹的三个平台为载体，以专业化服务力量为支撑。通过油田抓总、区域协调、专业服务，实现由单位管理、分散运营的管理模式向区域统筹、集约经营的管理模式转变，由自我服务、封闭运行的服务模式向开放服务、专业运营的服务模式转变，由多方投入、各自操作的资源配置模式向市场导向、系统优化的资源配置模式转变，形成主业单位提需求、搞考核，服务协调单位抓协调、重管理，专业化单位搞服务、挣收入的职责清晰、协同高效、运行规范的新型后勤服务管理体系。

总体上，就是要把握一个核心、实现三个转变、坚持四个原则、落实六项任务。通过深化调整，构建起职责清晰、协同高效、运作规范的新型后勤服务管理体系，不断提升服务主业、服务基层、服务员工的能力。主业单位，要强化市场化、社会化意识和系统优化理念，聚焦主责主业，打破自我服务、封闭管理格局，促进存量资产优化配置，实现降本增效。服务协调单位，要强化服务意识，增强协调本领，做好统筹工作，通过加强内外协调、提升管理效能、开展优质服务，发挥作用、体现价值。专业化单位，要坚持质量进步、标准提升，不断推动专业服务提档升级，更好地为主业服务。

2.3.2 新型后勤服务管理体系责任主体

油田新型后勤服务管理系统主要由机关管理服务直属单位、矿区物业服务直属单位、房产管理维修直属单位、热力分公司 4 家专业化单位和 8 家服务协调直属单位（6 家服务协调直属单位和 2 家社会化服务协调站）共 12 家直属单位构成，业务主要涉及食堂公寓、办公物业、矿区改造、房产维修、办公区供热运维和区域服务协调等。其中，机关管理服务直属单位由原油田机关党委（机关管理处）通过职能优化调整整体转型组建，矿区物业服务直属单位在原公共事业服务直属单位基础上通过撤销住宅物业服务部、设立 20 个矿区物业服务部更名组建，房产管理维修直属单位、热力分公司在新增油田办公区域专业化服务保障职能的基础上，优化调整内设机构、职能，做强做优。8 家服务协调直属单位是在适应油田社会化管理职能转型的基础上，将原 6 家社会化服务协调直属单位和 2 家社会化服务协调站，优化整合为对接县区政府的 6 家服务协调直属单位和 2 家社会化服务协调站（其中，龙口服务协调站区域服务协调职能委托海洋石油船舶直属单位行使，与综合保障服务直属单位合署办公）。12 家新型后勤服务单位（含龙口服务协调站）现有员工 10498 人，其中女员工 5429 人，管理人员 715 人，专业技术人员 5611 人，技能操作人员 4172 人。详细情况见表 2–3–1。

表 2-3-1　新型后勤服务单位基本情况

序号	单位名称	主要职责	机构设置		用工情况				
			机关直属	基层单位	人数		类别		
					员工	女员工	管理人员	专业技术人员	技能操作人员
1	机关管理服务直属单位	负责员工食堂、公寓业务，推进开放型区域食堂建设	设综合管理、人力资源（组织）、党群工作、经营管理、市场运行、QHSE 管理监督 6 个机关部门	设配送服务部、维保服务部等 6 个服务部，油田图书阅览室等 10 个区域服务部	337	102	40	89	208
2	矿区物业服务直属单位	负责油田办公区卫生保洁、绿化养护、秩序维护、设施设备管养、会议服务等物业服务业务	设综合管理、人力资源（组织）、党群工作（纪检审计）、生产管理、经营管理、QHSE 管理监督 6 个机关部门，经营共享服务、督查保障 2 个直属机构	设 20 个矿区物业服务部、人力资源服务直属单位	2922	1228	189	845	1888
3	房产管理维修直属单位	统一管理、维修改造油田办公区域土地、房产和闲置的各类生产管理房产	设综合管理、人力资源（组织）、党群工作、经营管理、生产运行、QHSE 管理监督 6 个机关部门，技术服务、运行保障、风险管控 3 个直属机构	设 3 个房产维修部，油田职工住房建设项目部、人力资源服务直属单位、房产经营管理部、房产管理项目部	466	152	50	203	213
4	热力分公司	负责办公区供热运维	设综合管理、人力资源（组织）、党群工作（工会、团委）、经营管理、纪检审计、QHSE 管理监督 6 个机关部门，生产技术直属单位、财务计划管理直属单位 2 个直属机构	设东营区、河口区、开发区、垦利区 4 个热力运维部，热计量、新能源、外围区域 3 个运维部，工程运维、综合保障服务、人力资源服务、客户服务 4 个直属单位	1080	402	69	454	557
5	西城服务协调直属单位	承担区域对外协调、对内沟通职责。管理协调区域矿区资源优化、维护改造提升和后勤服务业务，对三个平台的作用发挥负责	设党群工作、组织人事、企管财务、QHSE 管理监督 4 个机关部门	设油地融合协调部、东辛矿区服务管理部、现河矿区服务管理部、员工服务部、人力资源服务直属单位	2803	1859	124	1818	861

续表

序号	单位名称	主要职责	机构设置		用工情况				
			机关直属	基层单位	人数		类别		
					员工	女员工	管理人员	专业技术人员	技能操作人员
6	东城服务协调直属单位	承担区域对外协调、对内沟通职责。管理协调区域矿区资源优化、维护改造提升和后勤服务业务，对三个平台的作用发挥负责	设党群工作、组织人事（人力资源服务）、企管财务、QHSE 管理监督 4 个机关部门	设油地融合协调部、矿区服务管理部、员工服务部	647	391	50	465	132
7	河口服务协调直属单位		设党群工作、组织人事（人力资源服务）、企管财务、QHSE 管理监督 4 个机关部门	设油地融合协调部、矿区服务管理部、员工服务部、人力资源服务直属单位	857	492	75	701	81
8	垦利服务协调直属单位		设党群工作、组织人事（人力资源服务）、企管财务（QHSE 管理监督）3 个机关部门	设油地融合协调部、矿区服务管理部、员工服务部	203	95	25	167	11
9	港区服务协调直属单位		设党群工作、组织人事（人力资源服务）、企管财务（QHSE 管理监督）3 个机关部门	设油地融合协调部、矿区服务管理部、员工服务部	437	265	32	354	51
10	滨州服务协调直属单位		设党群工作、组织人事（人力资源服务）、企管财务（QHSE 管理监督）3 个机关部门	设油地融合协调部、矿区服务管理部、员工服务部	392	235	35	285	72
11	临盘服务协调站		设党群工作（人力资源服务）、企管财务（QHSE 管理监督）2 个机关部门	设油地融合协调部、矿区服务管理部、员工服务部	282	164	20	172	90
12	龙口服务协调站				72	44	6	58	8
合计					10498	5429	715	5611	4172

最终实现三个转变：由单位管理、分散运营的管理模式向区域统筹、集约经营的管理模式转变；由自我服务、封闭运行的服务模式向开放服务、专业运营的服务模式转变；由多方投入、各自操作的资源配置模式向市场导向、系统优化的资源配置模式转变。

其中，市场化就是以市场需求为导向，以优胜劣汰为竞争手段，使资源实现集中管理、集约经营，设施设备、场地场所、人力资源都得到最大限度的优化，建立甲、乙双方经济关系，实行契约管理、合同管理；社会化就是聚焦主责主业，打破自我服务、封闭管理格局，通过向社会购买（提供）优质服务，改变“大而全、小而全”的大包大揽格局，将后勤业务置于社会主义市场经济体制下的社会化分工格局中，加强与相关单位的工作衔接，做好业务对接，也就是要在更广的范围内获得资源、利用资源；专业化就是让专业的人干专业的事，例如我们将业务不断细分，成立房产管理维修直属单位、矿区物业服务直属单位、机关管理服务直属单位、热力分公司等专业化公司，统一承接房产服务、物业服务、食堂公寓、热力运维等业务。在实施过程中，要坚持四个原则：

①资源优化、提质增效原则。坚持价值引领，贯彻“一切工作向价值创造聚焦，一切资源向价值创造流动”的经营准则，强化统筹管理、集约经营、资源共享、高效利用，深化资源优化，清理退出低效、无效资产，盘活闲置资产资源，激发价值创造活力。

②市场运行、专业提升原则。建立油田统一的内部后勤服务市场，理顺主业单位、服务协调单位、专业化服务单位的关系，形成市场化运行、开放型服务、专业化提升的体制机制，提升管理效能、服务效率、经营效益。

③系统集成、协同高效原则。坚持专业的人做专业的事，发挥区域统筹协调作用，集成专业化服务单位技术、管理、人才、服务、品牌等优势，打造区域后勤保障硬支撑，以高质量后勤服务保障驻区单位专注主业高质量发展。

④统筹谋划、梯次推进原则。坚持系统观点，适应产业结构调整、队伍规模结构调整、生产经营方式调整，区分不同区域、不同业务，精准制定工作标准和具体方案，动态优化职能配置、组织架构、力量布局和服务模式，统筹矿区资源优化、改造提升

和专业服务跟进，做到改造提升一片、服务跟进一片，稳妥实施、有序衔接、平稳推进。

2.3.3 新型后勤服务管理体系具体任务

构建新型后勤服务管理体系是一项系统工程，将这次改革的工作任务归纳起来，主要是完善六项机制，也就是六项任务。

（1）建立油田后勤服务一体化统筹管理机制

签订框架协议，将公有房产管理、维修，办公区物业服务，员工食堂、公寓服务，办公区热力运维等业务委托管理局有限公司统一运营，形成油田统一的后勤服务内部市场。突出价值引领和市场导向，建立健全服务标准体系、价格定额体系、用结算体系、考核评价体系，形成较完善的后勤服务管理制度保障体系。适应新型后勤服务管理体系，调整职责分工，优化内设机构，理顺工作关系。公共事业管理部作为业务主管部门，对油田后勤服务业务统筹管理负责，相关机关部门职责同步优化调整。社会化服务协调直属单位发挥区域统筹管理协调作用，专业化服务单位承接相应后勤服务业务，主业单位原则上不再从事相关后勤服务业务。

（2）更好发挥区域管理协调作用

社会化服务协调直属单位（站）承担对外协调、对内沟通职责，搭建区域统筹的油地融合协调后勤服务管理平台、关心关爱员工服务平台，代表油田协调与政府、社会的关系，协调区域矿区资源优化、改造提升和后勤服务业务，做好区域关爱服务员工工作，对区域统筹的“三个平台”作用发挥负责。调整社会化服务协调直属单位（站）内设机构，撤销居民事务协调部、学前教育服务部、医疗卫生服务部，人员借聘、劳务输出和队伍管理职能调整至组织人事部，组织人事部加挂人力资源服务直属单位的牌子；设立油地融合协调部，负责区域对外协调、对内沟通工作；撤销小区维修改造项目部，设立矿区后勤服务管理部，负责协调区域矿区资源优化、改造提升和监管区域后勤服务业务，将住房和公积金服务部调整为员工服务部，负责油田关心关爱员工服务事项的经办落实和服务大厅日常运行工作，服务中不再作为经营单位进行考核。

（3）推进矿区资产资源优化

油田办公区域土地、房产和闲置的各类生产管理房产由房产管理维修直属单位统一管理，资产权属暂不变更。坚持集约利用、共享使用，完善激励措施，加强经济评估，加快推进土地、房产等资源优化，做好土地、房产全面摸底，统筹公有房屋产权办证、资源优化和风险排查、危房鉴定、违建清理，摸清现状、分析矛盾、制定方案、全面管理。推进房产资源优化，减少公房存量，遵循非必要不保留原则，应拆尽拆、能拆则拆，对确需留用的进行维修改造，明确权属。有序拆除注采班站用房，引导注采班站生活服务功能向管理区聚集。对于拆除了公房、注采班站用房后的土地，经营权属单位负责依法管护，分类优化土地资源，加快盘活利用。符合规划的闲置土地优先用于新能源开发，严格房产土地出租程序，确需出租的由油田领导班子审议批准，对已经出租的房产、土地，按照谁出租谁负责、谁批准谁督导的原则尽快收回。完善相应预算制度，建立土地、房产资源市场化配置机制，使用单位缴纳服务费，物业服务、食堂公寓和供热运维业务用房免收租金。

（4）推进矿区维护改造提升

矿区维护改造提升业务由房产管理维修直属单位承接，承担项目设计、组织实施和相应安全环保等责任，坚持系统优化、分步实施、整体提升的原则，按照相关维修改造程序，创造条件加快推进矿区改造提升工作。以采油管理区为单元，集合片区内各专业化单位基层站点一并推进，每年组织实施片区改造 30 个左右，用 2~3 年时间基本完成，统筹油田内部施工力量和绿化苗圃资源，理顺与改制企业关系，适当引进社会企业，形成竞争机制。导入油田工程建设“五化”理念，推动矿区维修改造项目提质增效，按照经济“适用、简约、整洁”的标准要求，一体推进片区房屋本体、场地、绿化改造工作，改善办公、生活条件，注重工程质量，提升矿区面貌，促进城区油田生产一线站点与城市景观相协调，外围矿区环境成为区域亮点。

（5）推进专业服务提质增效

充分发挥区域统筹管理协调作用和专业化服务力量的支撑作用，建立标准化服务、契约化管理机制，推动后勤服务水平提升。油田办公区卫生保洁、绿化养护、秩序维护、设施设备管养、会议服务等物业服务业务由公共事业服务直属单位承接，社会化服务包含协调驻区单位和员工考核服务，生产站点维护和生产设施设备管养由原单位负责，员工食堂、公寓业务原则上由机关管理服务直属单位承接，推进开放型区域食堂建设，明确伙食标准和补贴方式，建立“堂食+配送”“自助+点餐”服务模式，推广就餐一卡通，实现员工就近就餐；完善公寓配套设施，提升服务品质，建立宾馆式服务模式，办公区供热运维业务由热力分公司承接，主要采取合同能源管理。依托现有热网调控系统，提升供热运维效能，上述专业化服务单位作为经营单位进行考核。

（6）完善配套措施

建立人力资源盘活机制，按照人随业务走和个人自愿的原则，主业单位后勤服务人员可随业务调入专业化服务单位，也可以劳务输出方式充实到专业化服务单位承担相应岗位工作，完善人才成长通道建设，根据业务实际和内设机构情况，规范管理岗位设置，合理设置专业技术岗位，保障人才成长空间。整合信息化资源，提升后勤服务信息化建设水平，推动服务员工事项的信息化集成，实现从“线下办”向“线上办”转变。

2.3.4 新型后勤服务管理体系特征

一是新在理念，更加注重价值引领。“后勤服务也是价值创造的主体，价值在闭环中体现”，从价值创造上讲，后勤服务与主业生产，是在市场化资源配置下实现的企业内部大分工，从价值角度来看待业务，都是在做各自最擅长的事情，后勤服务的是“人”，勘探开发服务的是“油”，后勤服务主业，主业服务油藏，油藏产生的价值又回馈给后勤服务。服务对象、服务方式、服务内容不一样，但本质都是服务，在价值流闭环中体现各自价值。例如，胜大集中配送、胜大食堂、胜大超市产业链，实现价值最大化，小食堂撬动大产业，向上延伸、向下拓展。

①更加强调服务为本。后勤工作的核心就是提高服务质效，一方面是兜底服务，要尽力而为、量力而行；另一方面是个性化服务，突出价值引领，拓展增值服务。从业务角度讲，服务工作事不大，都是生活中的琐碎事情，但是意义重大，能为油田构建和谐稳定的政治环境和管理环境奠定良好的基础。老百姓的事就是最大的事，把老百姓的事办好了，大家的认可度自然就提高了。

②更加明确前进方向。坚持市场化方向，用市场化机制配置要素、优化资源，搭建市场化合作平台，构建相互服务、合作共赢的甲、乙方关系。坚持社会化方向，全油田的资源、地方的资源都可以为我所用，用市场化手段承载资源，面向全社会优化整合资源。坚持专业化方向，让专业的人干专业的事，充分激发各类市场主体活力，推动甲、乙双方形成命运共同体、责任共同体。

③更加突出党建引领。坚持和加强党的全面领导，深化后勤服务工作与党建工作融合互促，有效发挥党建核心引领作用。通过优化后勤服务系统党建资源，打造“胜利管家”支部党建品牌（图 2-3-1），从“大家”“小家”“个人”三个层次，推动党建与业务深度融合，打造后勤服务独有的党建文化，引领保障后勤服务系统各级党组织成为服务油田主业、服务基层一线、服务员工群众的坚强战斗堡垒，使党建工作成为高质量发展的方向盘、动力源。

图 2-3-1　新型后勤服务体系业务品牌

二是新在体制，改变原有的封闭管理、自我服务的后勤保障模式，推进油田后勤服务一体化统筹，构建油田抓总、区域协调、专业服务的工作格局，实现向区域统筹、开放服务、专业运营、市场导向的模式转变。公共事业管理部作为油田后勤服务业务管理部门，对引领统筹矿区资产资源优化和后勤服务管理负责。服务协调直属单位承担对外协调、对内沟通职责，对区域统筹的“三个平台”作用发挥负责。专业化单位发挥专业力量的支撑作用，调整优化设置区域服务部。

三是新在机制，建立市场化运作机制。建立油田内部统一的后勤服务市场，明晰甲、乙方经济关系，实行契约化管理，签订服务合同。

①推进市场化配置机制。围绕整体效益最大化，坚持集约利用、共享使用，完善激励措施，整合优化土地、房产、人力等各类资源，助推生产组织方式变革。

②完善市场化保障机制。建立服务标准体系、价格定额体系、费用结算体系和考核评价体系，形成较为完善的后勤服务管理制度保障。

四是新在质效，把握我国社会主要矛盾已经转化为人民日益增长的美好生活需要和不平衡、不充分的发展之间的矛盾，适应社会发展阶段性特征，以人民对美好生活的需求为努力方向，当好服务员工的“胜利管家”，对标国内先进企业、系统内先进单位，持续推动后勤服务质量变革、效率变革、动力变革。充分发挥专业化单位的技术、人才、队伍、品牌优势，开展“服务满意度＋工作质量”综合评价，加强规范化管理、标准化服务，提升保障能力和服务水平。建设一体化后勤服务管理信息系统，提升信息化支撑、智能化应用水平。

2.4 新型后勤服务管理体系建设步骤

（1）加强政治引领，系统谋划新型后勤业务发展战略及规划

首先，要提高政治站位。后勤业务不同于主业，以“人”而不是“物”为对象，工作千头万绪，事关千家万户，影响千军万马。做实做好后勤工作是关心人、凝聚人、激励人的最直接手段，是最有效的思想政治工作，是企业践行以人民为直属单位的最直观的体现，对油田构建和谐稳定的政治环境和管理环境有基础性作用，必须增强新型后勤服务管理体系建设的使命感、责任感和紧迫感。其次，明确油田新型后勤服务管理体系的发展定位。建议油田成立专项工作组，对新型后勤服务管理体系的发展路径进行广泛调研和深入论证，明确新型后勤服务管理体系的发展战略，并在此基础上，依据战略定位，编制后勤服务管理体系及各业务板块的发展目标、重点方向、实现路径、保障措施等中长期发展规划，稳预期、稳思想、聚人心，促进新型后勤服务管理体系高质量、可持续发展。

（2）坚持统筹优化，提升专业化发展能力

一是要有所为，有所不为。结合后勤服务管理体系现有人力、技术、设备等资源状况和未来发展需要，以价值最大化为标准，梳理清楚优势发展业务、逐步退出业务、淘汰业务等，使后勤服务管理体系更加融入油田勘探开发、生产经营管理各环节和区域经济社会全时域。对有发展前景、有市场需求、可持续的优势业务领域，加强配套政策的保障扶持力度，制定发展计划或指导性文件，明确“路线图”“时间表”“任务书”，打造后勤服务新势力、新品牌；对逐步退出业务和淘汰业务，在消化存量的基础上，同步培育发展战略接替者和社会化服务力量，走市场化招标采购的路子，实现后勤服务业务价值最大化。

二是要强化人才培养。突出业务导向、需求导向、问题导向，创新培养方式，探索建立“业务深化培训＋任职实干锻炼＋持续跟踪培养”三位一体的深化培养模式。针对后勤服务领域人才总量小、成熟度不一、梯队不完善的现状，实施管理、专业技术、技能操作不同领域、不同成熟度人才的分层分级培养，制定“一人一策”培养方案，设置“成长档案”，实施“精准滴灌”。健全人才统筹使用机制和高端人才引进机制，对急需的建筑设计、工程管理、食堂公寓管理等专业人员，打破部门、单位壁垒，推动骨干人才在油田范围内跨单位、跨专业交流任职、高效流动；对油田缺乏的高端研发人员（如菜品研发）和团餐、公寓管理等的专业管理人员，建议利用高端人才引进通道从中国石化系统内外择优引进，加速培养后勤服务系统核心团队。

三是提升，承接运行水平。加快矿区改造提升步伐，科学合理编制区域总体方案，抓紧组织实施、压茬推进，提升矿区管理维护能力。深化服务运行，对已完成服务合同签订、承接运行到位的，加强工作运行管理和提高服务质量，及时协调解决出现的问题，确保服务不打烊、业务不断档、质量不降低；对未完成改造的，后勤服务单位要提前介入，主动与主业单位协商确定承接时间和承接方式，推动后勤系统更好更快地服务和融入油田高质量发展。

四是完善后勤服务及考核具体标准。加快服务资源集成优化，加大“一窗办”培训力度，加强服务大厅工作人员管理，打破服务人员单位界限，做到选优配强、人员稳定。强化日常服务监督，健全激励约束机制，以员工服务满意率为导向，奖优罚劣，做细做实规定动作，打造员工服务“新地标”。立足价值创造，结合群众需求，拓展新的服务项目，创新“自选动作”，丰富服务方式和提升服务品质，实现由“工作量”向“价值量”的转变，提升服务创效能力。

（3）挖掘品牌价值，打造高端化特色化业务

胜利油田作为知名企业，品牌就是效益。后勤服务管理体系要充分利用好“胜利油田”这个金字招牌，创新“品牌＋要素资源社会化”发展模式，聚集优化各类要素资源，构建品牌化、品质化、高端化业务发展路线。一方面，立足内部市场练真功。油田具有丰富的医疗资源，满足于一个人一年3万~4万元的劳务收入是难以实现高质量可持续发展的。要结合地方投入有限和资产职能移交的实际，积极向地方主管部门争取政策支持，探索开展承包经营等发展方式，选配素质高、业务能力强的骨干人员充实到关键管理岗位，打造精干项目团队，对相关业务领域新增服务项目进行立项评估、组团攻坚、价值激励，拓展医养结合、高端康养、健康管理等适应人口老龄化发展趋势的朝阳产业，在政府的有效监管下，把现有的低效资产资源优化好、运用好，不断提升后勤服务的水平，加大价值化服务创效力度。另一方面，通过强强联合，积极开拓社会市场。围绕人民群众多元化美好生活需求，依托员工服务大厅等载体，用好第三方机构等平台，集成油地优势资源，集聚项目、人才、资金、政策、科创载体等各类创新要素，以集群式创新积蓄增长动能，以一体化融合开拓成长空间，依法合规开展居家养老、子女照辅、文体服务、EAP（Employee Assistance Program，员工援助计划）等增值服务项目，大力开拓一体化的餐饮综合服务、高档社区物业承揽等项目，积极探索智能家政、顾问管家式营养服务等业务，通过“线上＋线下”“无感＋触感”服务相结合的方式，打造优质服务品牌，增强后勤服务核心竞争力，提升后勤服务板块“造血功能”，提升区域员工群众的幸福生活指数，努力拼出后勤发展新态势。

（4）聚焦提质增效，创新经营模式

随着企业的发展和社会的进步，服务越来越成为后勤业务的生存之道、发展之要。后勤服务对象越来越呈现出需求层次提升、需求变化加速并日趋个性化、多样化的特征，这就要求后勤组织更简单、更敏捷，管理层级更少，结构更扁平，决策链条更短，责任更下沉，权力更下放，员工自主性更强。当前，油田新型后勤服务管理体系的建设仍较多延续了基于严格分工的层级型功能式组织结构，管理层级较多，管治思维尚存，已难以适应服务型组织的发展趋势和需求。建议油田在推进新型后勤服务管理体系建设过程中，以价值流为核心，以价值最大化为标准，重塑优化后勤服务管理体系业务流、管理流、监督流。要以用户和场景为直属单位，打造平台化、分布式组织，培育发展自主经营、自负盈亏的“项目+团队”经营生态，健全由垂直协同到平行协同的政策机制，推广完善新型目标经营责任制，构建“平台化+生态化”模式，在充分发挥油田后勤服务管理体系集约规模效应的同时，释放单个服务单元的自主经营意识和价值创造潜能与活力，调动干部员工主动跑项目、找市场，争做项目首提人、争当价值创造者的干事创业热情。同时，对标国内先进企业，借鉴紫京公司等经验做法，对标精细化的服务内核、规范化的服务体验、标准化的服务输出，做实兜底服务，做优增值服务，做强高端服务，打造和固化可复制、可推广的后勤服务“胜利模式”，实现由“卖服务”向“卖模式”的飞跃。

第 3 章

新型后勤服务管理体系标准

3.1 新型后勤服务管理体系

管理局、分公司二级单位机关及周边三级单位集中连片区域内后勤服务业务，按照服务类别，由矿区物业服务直属单位、机关管理服务直属单位、房产管理维修直属单位、热力分公司分别承接，区域外矿区后勤服务业务，包括办公物业、食堂公寓、房产服务、热力运维，统一由机关管理服务直属单位承接。油田机关办公区、原职工大学院内、原党校院内、新春采油厂西部后勤服务业务按照现有模式管理。

办公用房维修分为日常性维护、基础性维修、提升性改造、应急性抢修四种类型。办公用房日常性维护是指办公用房服务区域内设备设施的日常管理维护、零修、小修等工作，由物业服务承接单位负责。主要包括雨污排放管道维护、给水设施维护、泵类维护、楼内供电维护、照明维护、其他维修、电梯维保、办公区域防内涝工作。办公用房基础性维修是指房屋本体维修和安全隐患治理、水电气讯等系统性维修改造，由房产服务承接单位组织，并由房产管理维修直属单位实施。主要包括办公用房本体维修、办公区域维修工作。办公用房提升性改造是指对办公用房本体及设施设备、场地等实施的改善楼体外观面貌、提升整体使用功能的维修改造，由房屋权属单位提出申请，由房产服务承接单位组织，并由房产管理维修直属单位实施。主要包括 C 级（含 C 级）以下危房整体抗震维修改造外墙、屋面保温改造，外墙粉刷、楼内装修等装饰装修改造，电梯、中央空调、消防系统等整体更换，以及办公区域道路、地下管网整体更新改造工作。办公用房应急性抢修是指因不可抗力、恶劣天气等引起的应急维修，由房产服务承接单位组织，可委托房产管理维修直属单位、胜大水利工程有限责任公司、专业化服务单位、改制企业等实施。主要包括：自然灾害（地震、台风、暴雨、低温、雪灾等）及突发情况下，对房屋及其附属设施设备造成的危险情况，如房屋渗（漏）水或外墙面脱落、地下车库雨水倒灌、排涝等；供水、排水、供暖、供气管道爆裂；供电线路抢修。其他可能造成人身安全事故的紧急情况，按照人随业务走和个人自愿的原则，主业单位后勤服务人员可随业务调入相应专业化服务单位。管理局、分公司二级单位机关及周边三级单位集中连片区域内后勤服务人员由各专业化公司负责，临盘、龙口区域内后勤服务人员由临盘服务协调站和龙口服务协调站分别负责，上述以外区域矿区后勤服务人员由机关管理服务直属单位负责，如内部人员短缺，可由主业单位或其他专业化公司开展业务承揽。输出人员费用，原则上同一业务、同一等级实行统一标准。按照“谁承接业务，谁负安全主体责任”的要求，相关业务安全责任由承接单位负责。

3.2 后勤服务价格管理体系

物业服务价格定额见表 3-2-1。

表 3-2-1 物业服务价格定额

序 号	服务项目名称	计费标准	费 用				
1	保洁服务		一级	二级	三级	四级	五级
1.1	办公场所公共区域保洁	元 /（平方米 · 月）	1.75	2.98	4.24	5.57	6.69
1.2	地下车库保洁		0.97	1.42	1.85	2.44	3.03
1.3	厂区保洁		0.49	0.66	0.87	1.14	1.4
1.4	垃圾外运	元 /（日 · 桶）	15				
2	绿化服务		一级	二级	三级	四级	五级
2.1	厂区绿化	元 /（平方米 · 月）	0.77	1.08	1.36	2	2.96

续表

序号	服务项目名称	计费标准	费用	
3	公共秩序维护			
3.1	门岗	元 /（岗・月）	19473	
3.2	门厅岗		14618	
3.3	巡逻岗		19448	
3.4	视频监控岗		21416	
3.5	消防监控		42659	
3.6	车场秩序管理		4743	
4	设施设备维护保养			
4.1	设施设备维护保养	元 /（平方米・月）	建筑面积≤ 10000 平方米	1.63
			10000 平方米＜建筑面积≤ 20000 平方米	1.29
			20000 平方米＜建筑面积≤ 30000 平方米	1.03
			30000 平方米＜建筑面积≤ 40000 平方米	0.92
			40000 平方米＜建筑面积≤ 50000 平方米	0.85
			建筑面积＞ 50000 平方米	0.82
4.2	清淤服务	元 /（座・年）	化粪池容积≤ 20 立方米	1200
			20 立方米＜化粪池容积≤ 40 立方米	1500
			化粪池容积＞ 40 立方米	1700
		元 /（个・年）	检查井清淤	50
		元 / 米	管道清淤	60
4.3	电梯维保年检	元 /（台・年）	以 4 层 4 站为基数，每增加一层加收 500 元	5000
			以 7 层为基数，每增加一层加收 25 元	500
			电梯限速器校验费用	100
4.4	监控维护	元 /（监控点・月）	10	
5	会务服务			
5.1	会议服务	元 / 小时	参会人数≤ 20 人	60
			20 人＜参会人数≤ 50 人	120
			50 人＜参会人数≤ 75 人	180
			75 人＜参会人数≤ 100 人	240
			100 人＜参会人数≤ 150 人	300

注：物业服务内容参照胜利油田后勤服务规范标准执行。

供热（冷）运维服务价格定额见表 3-2-2。

表 3-2-2 供热（冷）运维服务价格定额

序 号	项目名称	划分标准	计费标准	费 用
1	供热运维			
1.1	锅炉运维	负荷≤ 2.8 兆瓦	万元 / 月	8.93
		负荷> 2.8 兆瓦	万元 / 月	10.07
1.2	新能源热源运维	负荷≤ 500 千瓦	万元 / 月	3.40
		负荷> 500 千瓦	万元 / 月	4.31
1.3	换热站运维	负荷≤ 1000 千瓦	万元 / 月	3.40
		负荷> 1000 千瓦	万元 / 月	4.28
1.4	室内、外供热设施运维	供热面积≤ 5000 平方米	万元 / 年	17.77
		5000 平方米<供热面积≤ 15000 平方米	元 /（平方米·月）	2.54
		15000 平方米<供热面积≤ 30000 平方米		1.94
		30000 平方米<供热面积≤ 50000 平方米		1.21
		50000 平方米<供热面积≤ 80000 平方米		0.86
		供热面积> 80000 平方米		0.75
2	供冷运维			
2.1	制冷机组运维（包括地源热泵、空气源热泵等）	负荷≤ 500 千瓦	万元 / 月	3.57
		负荷> 500 千瓦	万元 / 月	4.46
2.2	室内、外供冷设施运维	供冷面积≤ 5000 平方米	万元 / 年	17
		5000 平方米<供冷面积≤ 15000 平方米	元 /（平方米·月）	3.42
		15000 平方米<供冷面积≤ 30000 平方米		2.60
		30000 平方米<供冷面积≤ 50000 平方米		1.62
		50000 平方米<供冷面积≤ 80000 平方米		1.14
		供冷面积> 80000 平方米		1.02
2.3	冷却塔及附属设备运维	—	万元 / 月	1.74

注：供热（冷）运维服务内容参照胜利油田后勤服务规范标准执行。

房产服务价格定额见表 3–2–3。

表 3–2–3 房产服务价格定额

服务名称	服务内容	计费标准	费 用
办公用房服务	办公用房及土地建立“一房一档”清册	元 /（平方米・日）	0.72
	办公用房及土地统筹优化方案制定、协调		
	办公用房危房风险排查、鉴定、评估		
	办公用房违建清理		
	水、电、网络检测、维修、线路整改，达到新入驻单位办公要求		
	共用办公用房区域内分单位划分水电设计、施工、安装		
	办公区域网络维护、维修、安装		
	办公用房日常巡检，线路检测委托、小型维修验收		
	办公用房及其附属设备日常小型维修工作量落实及材料备料、供应（不含设备日常保养材料）		
	承担办公区土建、安装、防水、门窗换修等小型维修项目		
	房屋本体防雷检测		
	相关土地管理工作		
	应急维修组织协调服务		

公寓管理服务价格定额见表 3–2–4。

表 3–2–4 公寓管理服务价格定额

序 号	服务名称	计费标准	费 用
1	宾馆式服务	元 /（间・日）	110
2	人才公寓服务		40
3	员工宿舍服务		20

员工食堂服务价格定额见表 3–2–5。

表 3–2–5 员工食堂服务价格定额

序 号	服务名称	服务内容	计费标准	费 用
1	早餐	提供产品 17 款：凉菜 4 款、热菜 2 款、蛋类 1 款、主食 6 款、汤粥 4 款	元 /（人・餐）	6
2	中餐	提供产品约 22 款：凉菜 2~4 款、热菜 6 款（2 主荤、2 半荤、2 素）、主食 6 款、水果 2 款、汤粥 2 款、酸奶（牛奶）、饮料若干		30
3	晚餐	提供产品约 16 款：凉菜 2~4 款、热菜 4 款（1 主荤、1 半荤、2 素）、主食 2~4 款、水果 2 款、汤粥 2 款		12

注：餐品内容按照 150 人以上堂食测算，具体餐品内容需根据实际就餐规模和就餐形式进行调整。根据食堂硬件设施设备，可增加明档产品。根据不同群体需求差异，制定城区和矿区、机关和前线、堂食和配送不同种类标准菜谱，执行统一标准。具体运行不完全局限于以上餐饮标准，结合节日、节气、主题活动等，设定特色就餐内容，不断提升就餐体验。

3.3 新型后勤服务标准体系

新型后勤服务标准体系包括保洁服务标准、绿化服务标准、设施设备管养标准、秩序维护服务标准、会务服务标准、供热（冷）运维服务标准、会务服务标准、食堂服务标准、公寓服务标准和办公用房服务标准。

3.3.1 保洁服务标准

（1）范围

本标准规定了生产区和办公区保洁服务的服务流程、工作内容及要求。本标准适用于胜利油田生产区和办公区的保洁服务。

（2）规范性引用文件

下列内容通过文中的规范性引用而构成本标准必不可少的条款。其中：注日期的引用文件，仅该日期对应的版本文件适用于本标准；不注日期的引用文件，其最新版本（包括所有的修改单）文件适用于本标准。

（3）术语和定义

本标准没有需要界定的术语和定义。

（4）服务质量分级

根据服务需求的不同，将服务质量分为一级、二级、三级、四级和五级。其中，一级为最低级，五级为最高级，等级越高，服务标准越高。

①一级服务。

主出入口。要求每周对大门公共区域清洁 1 次，其他时间每天捡拾 1 次。每月对大门、立柱、雕塑等清扫 1 次。每周完成工作之后，填写作业记录。室外区域，每日对公共区域地面捡拾 1 次，无积攒物。每周清理绿化带 1 次，无杂物。每月巡视保洁区域 2 次，发现问题及时解决。巡视区域包括但不限于：廊道、景观、水面等部位；路灯杆、监控杆、庭院灯等设施；宣传栏及健身器材等设施。每年重点清理窨井、明沟等雨排、污排设施 1 次，随堵随清。每日完成工作之后，填写作业记录。

垃圾管理。垃圾清运后，清洁垃圾台 1 次，周围无散落垃圾等。每周清理果皮箱

2次；及时更换垃圾袋，垃圾无外溢。每月初擦拭垃圾桶、果皮箱1次；每季度清洗垃圾桶1次。夏季每月消杀1次。每月检查灭鼠饵料1次，如饵料缺少，要及时投放。每日完成工作之后，填写作业记录。

办公楼大厅。每日清扫大厅地面及设施等1次，无杂物。台面、沙发目视干净。墙面、柱面每年清洁1次；电器开关、标识牌、防火门每半年擦拭1次。每年检查天花板、灯具等1次，无蜘蛛网。遇雨、雪天气，及时清扫并摆放温馨提示牌和防滑物品，地面无积水、积雪。每日完成工作之后，填写作业记录。

走廊和楼梯。每日清扫走廊地面及楼梯1次，每月湿拖2次。每年清扫天花板1次，无蜘蛛网。楼梯扶手、护栏、地脚线每月清扫2次，目视干净。墙面、柱面、电器开关、标识牌、防火门等每季度清扫1次。每月擦拭花盆及其他饰物等1次，无烟蒂等杂物。每月擦拭宣传橱窗1次，无破损。每日清扫轿厢地面或更换脚垫1次。每日完成工作之后，填写作业记录。

开水间。每日清扫地面1次。每日倾倒茶水桶1次。每双月擦拭开水设备1次。每季度擦拭配电箱等1次。每年清扫墙面1次。每季度消毒1次。每年清扫天花板、墙壁、墙角、灯具、通风口等1次。每日完成工作之后，填写作业记录。

室内卫生间。每日清扫地面1次。每月擦拭镜面、台面、便器具1次。每月擦拭金属器具、隔断1次，无污渍。每年清扫天花板、墙壁、墙角、灯具等1次。每日完成工作之后，填写作业记录。

天台管理。在显著位置公示天台管理制度，内容清晰。每年清扫1次。及时关闭逃生门，不得上锁。

工具间管理。保洁工具和个人用品整洁摆放。地面无杂物，墙角无蜘蛛网。不得摆放与工作无关的物品。每日完成工作之后，填写作业记录。

车库、车棚。每日清扫地面1次。每年擦拭标识牌、栏杆、指示牌等1次。每月巡视地面标识、指示灯、照明灯等1次。每月用水推清理地坪漆地面1遍，每季度用沁过静电油的尘推保养1遍。每年清洁天花板、墙面、门窗、排水槽、消防箱、防火门、指示灯等公共设施1次。每日完成工作之后，填写作业记录。

②二级服务。

主出入口。每日对大门公共区域清洁1次，无杂物。每月对大门、立柱、雕塑等清扫1次。每周完成工作之后，填写作业记录。室外区域，每日对公共区域1/5面积地面清洁1次，对其他部位捡拾；每周普扫一遍；目视无杂物。每周清理绿化带1次，无杂物。每周巡视保洁区域1次，发现问题及时解决。巡视区域包括但不限于：廊道、景观、水面等部位；路灯杆、监控杆、庭院灯等设施；宣传栏及健身器材等设施。每年清理窨井、明沟等雨排、污排设施1次，无堵塞。每日完成工作之后，填写作业记录。

垃圾管理。垃圾清运后，清洁垃圾台1次，周围无散落垃圾等。每周清理果皮箱2次；及时更换垃圾袋，垃圾无外溢。每半月擦拭垃圾桶、果皮箱1次；每季度清洗垃圾桶1次。夏季每月消杀1次；有生活垃圾的每半月消杀1次。每月检查灭鼠饵料1次，如饵料缺少，要增加一倍的量并及时投放。每日完成工作之后，填写作业记录。

办公楼大厅。每日清扫大厅地面及设施等1次，每周湿拖、保养1次，无杂物。每周擦拭台面、沙发、主门、主窗1次，目视干净。每半年清洁墙面、柱面1次；每季度擦拭电器开关、标识牌、防火门1次，目视干净。每年清扫天花板、灯具等1次，无蜘蛛网。遇雨、雪天气，及时清扫并摆放温馨提示牌和防滑物品，地面无积水、积雪。每日完成工作之后，填写作业记录。

走廊和楼梯。每日清扫走廊地面及楼梯1次，每月湿拖2次；每年清扫天花板1次，无蜘蛛网。每月清扫楼梯扶手、护栏、地脚线2次，目视干净。每月清扫墙面、柱面、电器开关、标识牌、防火门等1次，每季度擦拭1次，目视干净。每月擦拭花盆及其他饰物等1次，无烟蒂等杂物。每月擦拭宣传橱窗1次，无破损。每日清扫轿厢地面或更换脚垫1次；每季度用保养剂保养轿厢内壁、层门1次，无污渍。每日完成工作之后，填写作业记录。

开水间。每日清扫地面1次，无堵塞。每月擦拭开水设备1次，无外溢。每年擦拭墙面1次，目视干净。每季度擦拭配电箱等1次，目视干净。每日清洗茶水桶1次，无外溢。每次换季消毒1次。每半年清扫天花板、墙壁、墙角、灯具、通风口等1次，无蜘蛛网。每日完成工作之后，填写作业记录。

室内卫生间。每日清扫地面1次；每周湿拖1次，无杂物，下水口随堵随清。每周擦拭镜面、台面、便器具1次，目视干净。每月擦拭金属器具、隔断1次，无污渍。每年清扫天花板、墙壁、墙角、灯具、通风口等1次，无蜘蛛网。每年清理下水口1次。每日完成工作之后，填写作业记录。

天台管理。在显著位置公示天台管理制度，内容清晰。每年清扫1次，无堵塞。及时关闭逃生门，不得上锁。

工具间管理。保洁工具和个人用品整洁摆放。工具使用完毕及时清洁、消毒。地面无杂物，墙角无蜘蛛网。不得摆放与工作无关的物品。每日完成工作之后，填写作业记录。

车库、车棚。每日清扫地面1次，无杂物。每年擦拭标识牌、栏杆、指示牌等1次。每月巡视地面标识、指示灯、照明灯、有无积水等1次，如损坏及时报修。每月用水推清理地坪漆地面1遍，每季度用沁过静电油的尘推保养1遍。每年清洁天花板、墙面、门窗、排水槽、消防箱、防火门、指示灯等公共设施1次。每日完成工作之后，填写作业记录。

③三级服务。

主出入口。每日对大门地面清理2次，每周对大门外墙清理1次，无积水、积雪及杂物。每周对大门、立柱、雕塑等清扫1次。每日对横幅、宣传张贴物等检查整理1次。每周完成工作之后，填写作业记录。

室外区域。每日对公共场所地面清扫1次（实行1/3面积地面普扫），对其他区域捡拾，无积水、积雪及杂物。每周清理绿化带2次，无杂物。每周巡视保洁区域，发现问题及时解决。巡视区域包括但不限于：廊道、景观、水面等部位；路灯杆、监控杆、庭院灯等设施；宣传栏及健身器材等设施。每年清理窨井、明沟等雨排、污排设施1次，无堵塞、无异味；根据季节变化消毒、灭害1次。每日完成工作之后，填写作业记录。

垃圾管理。为建筑垃圾设置临时垃圾点，集中存放，按照装修约定清运。每日清理垃圾桶、垃圾台、果皮箱1次，桶盖保持关闭状态；每周擦拭、每月清洗垃圾桶、果皮箱1次，外观干净，无异味。冬季每季度、夏季每月消杀1次，如有厨余垃圾则每周消杀 1 次。每月检查灭鼠饵料 1 次，如饵料缺少，要增加一倍的量并及时投放。运输过程中做好防护措施，避免造成二次环境污染。每周完成工作之后，填写作业记录。

办公楼大厅。每日拖擦大厅地面等 1 次，无污渍、无杂物；每周对摆放物件清理 1 次；其他时间巡视保洁状况。每日擦拭台面、沙发、主门、主窗 1 次，干净、无污渍。每季度清洁墙面、柱面 1 次；每月擦拭电器开关、标识牌、防火门 1 次。每半年清扫天花板、灯具等 1 次，无灰尘、无蜘蛛网。每半年擦拭进、排风口等公共设施 1 次，无蜘蛛网。遇雨、雪天气，及时摆放防滑垫，上午、下午各拖擦地面 1 遍。拖布、抹布实行分色、分区域管理，保持干净、卫生。每周完成工作之后，填写作业记录。

走廊和楼梯。每天清扫走廊地面及楼梯 1 次，每月拖擦 1 次。每月擦拭窗户、办公室门等 1 次，干净、无污渍。每半年清扫天花板、灯具 1 次，无蜘蛛网。每月清扫电器开关、消防栓、指示牌、门框、防火门等公共设施 1 次，无灰尘。每周清扫楼梯扶手、护栏、地脚线 1 次，无积尘。每月擦拭花盆及其他饰物等 2 次，无烟蒂等杂物。每月擦拭宣传橱窗 2 次，无破损。每日拖擦轿厢地面 1 次或更换脚垫 1 次；每双月用保养剂擦拭电梯门、轿厢内壁，第 1 遍用浸油半干抹布擦拭，第 2 遍用干抹布擦拭，无油迹、无异味。抹布实行分色、分区域管理，保持干净、卫生。每周完成工作之后，填写作业记录。

开水间。每日拖擦地面 1 次，无积水、无污渍，上、下水通畅，无异味。每周擦拭开水设备、台面、洁具、镜面 1 次，集水槽无堵塞。每双月擦拭墙面、配电箱等 1 次，无污渍。每日清洗茶水桶 1 次，无外溢。每季度清扫天花板 1 次，目视无蜘蛛网。夏季每月消毒、灭蚊蝇 1 次，其他季节每季度消毒 1 次。拖布、抹布实行分色、分区域管理。每日完成工作之后，填写作业记录。

室内卫生间。每日拖擦地面 1 次，无积水、无异味。每日擦拭镜面、台面、便器具 1 次，无污渍。每周擦拭金属器具、隔断 1 次，无污渍。每日检查、更换面巾纸、卫生纸 1 次。每季度清理下水口 1 次，无积水。每半年清扫天花板，擦拭墙壁、墙角、灯具、通风口等 1 次，无灰尘、无蜘蛛网。每日完成工作之后，填写作业记录。

天台管理。在显著位置公示天台管理制度，内容清晰。每季度清扫 1 次，目视无杂物，排水畅通。及时关闭逃生门，不得上锁。

工具间管理。保洁工具和个人用品整洁摆放。工具使用完毕后及时清洁备用。地面无杂物，墙角无蜘蛛网。不得摆放与工作无关的物品。每日完成工作之后，填写作业记录。

车库、车棚。每日清扫地面 1 次，无杂物、无积水；出入口每周捡拾 1 次，无杂物。每季度擦拭标识牌、栏杆、指示牌等 1 次，无杂物、无积水。每周巡视地面标识、指示灯、照明灯等 1 次，如损坏及时报修。每周拖擦车库 1 次，地面干净整洁。每年清洁天花板、墙面、门窗、排水槽、消防箱、防火门等公共设施 1 次，无蜘蛛网。每日完成工作之后，填写作业记录①。

3.3.2 绿化服务标准

（1）范围

本标准规定了生产区、办公区绿化服务、园林植物养护、设备管理基本要求。本标准适用于胜利油田的生产区、办公区绿化服务。

（2）规范性引用文件

下列内容通过文中的规范性引用而构成本标准必不可少的条款。其中：注日期的引用文件，仅该日期对应的版本文件适用于本标准；不注日期的引用文件，其最新版本（包括所有的修改单）文件适用于本标准。

（3）术语和定义

本标准没有需要界定的术语和定义。

（4）从业人员

身体健康，无影响本岗位操作的疾病。劳保用品穿戴整齐，仪表整洁，精神饱满。熟悉绿化管理知识，掌握苗木栽培、移植、修剪、养护与管理、病虫害防治基本技术。

（5）服务质量分级

根据服务需求的不同，将服务质量分为一级、二级、三级、四级和五级。其中，一级为最低级，五级为最高级，等级越高，服务标准越高。

---

① 本书中只列出了最常见的一级、二级和三级服务。下文中做了相同处理。

①一级服务。

制定植物养护、绿地管理等工作制度，建立管理档案。制定植物养护管理技术措施，配备与绿化面积、植物种类、养护质量要求相适应的人员和必要的机械工具。绿地整洁、平整，土壤基本无板结、返碱现象，无破坏绿地现象；绿化垃圾日产日清。苗木生长正常，无明显黄叶、焦叶、卷叶、残花、残果，树冠丰满，修剪科学合理，造型美观。行道树缺株率在3%以下，新补植树种与原有树种规格、定干高度一致，有扶架措施；新补植树成活率达92%以上，保存率达95%。绿篱、色块死株断档率在3%以下，生长健壮。修剪及时，整齐美观。地被植物、露地花卉裸地部分占比不超过12%，生长正常，无明显病虫害，目视无明显残花、败叶、杂草。

草坪叶色正常，覆盖率不低于90%，杂草占比控制在5%以下，修剪平整美观、高度适宜，无病虫害；草坪绿色期：冷季型草不少于220天，暖季型草不少于150天。园林小品、栏杆、园路、桌椅、花钵、灯具、井盖和牌示等设施完好，清洁、维修及时，浇水设施无跑、冒、滴、漏现象，给水阀、水表井内无积水，排水（碱）沟、管、井畅通无阻，每月清洁检修。每年冬季进行树干涂白，涂白均匀、无遗漏、高度一致。老苗木保存率达92%以上，绿地裸露部分占比不超过10%，无明显杂草区域。

园林植物养护。栽种苗木应与原植物品种相同，规格相近，密度、数量相匹配。栽种前对苗木进行修剪，剪去断枝、断根、病虫枝、干枯枝、过密枝，适当疏叶、疏花。栽种后做好防护措施，乔木立支撑。栽种后及时浇水，当日第1遍水浇足浇透，第3日浇第2遍水，第10日浇第3遍水后培土封穴，补栽草坪每日喷水，大风后及时扶正、踩实。乔木、灌木发芽后及时抹芽除蘖。对根蘖成丛的宿根花卉，分株移栽，调整栽植密度。乔木、灌木新栽、补栽苗木成活率不低于93%，绿篱、地被植物新栽、补栽苗木成活率不低于90%。

根据季节及土壤墒情适时浇水，植物明显无生理性缺水现象。浇水后及时划锄保墒。必须灌返青水和封冻水。夏季浇水避开高温时段，冬季在中午前后浇水。及时排除绿地或树池穴内的积水。浇灌设施完好，无跑、冒、滴、漏现象。

施肥。按植物特性及生长状态，科学选肥施肥，每年施肥2次。施肥后及时灌溉。雨后或浇水后3~5日及时中耕除草。草坪内乔木、灌木根部的树盘维护，绿篱周边的安全距离内，确保无杂草、杂物。目视无明显杂草侵害，清除掉的杂草当日清运。选用化学除草剂应保证园林植物安全。

修剪。根据树木生长情况，每年落叶乔木、灌木修剪1次，保持树形美观。绿篱、色块每年整形修剪2次，控制高度，整齐美观。草坪的修剪应根据不同草种习性和观赏效果，定期进行，高度适宜；暖季型草每年修剪4次以上，冷季型草每年修剪10次以上。适时修剪地被植物及草花，目视无明显枯叶、残花。

病虫害防治。及时剪除病虫枝，捕杀成虫，减少病虫源。病虫害控制及时，园林树木目视无明显病虫害危害痕迹。对虫口密度大、发生范围广的病虫害选用化学药剂防治。禁止使用高毒、剧毒农药，禁止随意混合防治药剂。施药时间科学合理，避开人流高峰时段。病虫害发生期，每日巡查，发现后及时防治，每年绿地病虫害防治施药6次。

②二级服务。

制定植物养护、绿地管理等工作制度，建立管理档案。制定植物养护管理技术措施，配备与绿化面积、植物种类、养护质量要求相适应的人员和必要的机械工具。绿地整洁、平整，土壤基本无板结、返碱现象，无堆物、侵占、破坏绿地现象；绿化垃圾日产日清。苗木生长正常、开花旺盛，无黄叶、焦叶、卷叶、残花、残果，树冠丰满，修剪科学合理，造型美观。行道树缺株率在3%以下，新补植树种与原有树种规格、定干高度一致，有扶架措施；新补植树成活率达92%以上，保存率达95%。绿篱、色块死株断档率在3%以下，生长健壮；修剪及时，整齐一致，层次分明。地被植物、露地花卉生长健壮，开花繁茂，整齐一致，无病虫害，无残花败叶，裸地部分占比不超过10%，杂草占比控制在6%以下。

草坪生长茂盛，叶色正常，覆盖率不低于92%，杂草占比控制在5%以下，修剪平整美观、高度适宜，无病虫害；草坪绿色期：冷季型草不少于230天，暖季型草不少于150天。园林小品、栏杆、园路、桌椅、花钵、灯具、井盖和牌示等设施完好，清洁、维修及时，浇水设施无跑、冒、滴、漏现象，给水阀、水表井内无积水，排水（碱）沟、管、井畅通无阻，每半月清洁检修。每年冬季进行树干涂白，涂白均匀、无遗漏、高度一致。老苗木保存率达92%以上，绿地裸露部分占比不超过10%，绿地内杂草占比控制在 5% 以下。

园林植物养护。新栽、补栽苗木应与原植物品种相同，规格相近，密度、数量相匹配。栽种前对苗木进行修剪，剪去断枝、断根、病虫枝、干枯枝、过密枝，适当疏叶、疏花。栽种后做好防护措施，乔木立支撑。栽种后及时浇水，当日第 1 遍水浇足浇透，第 3 日浇第 2 遍水，第 10 日浇第 3 遍水后培土封穴，补栽草坪每日喷水，大风后及时扶正、踩实。乔木、灌木发芽后及时抹芽除蘖。对根蘖成丛的宿根花卉，分株移栽，调整栽植密度。乔木、灌木新栽、补栽苗木成活率不低于 93%，绿篱、地被植物新栽、补栽苗木成活率不低于 90%。

根据季节及土壤墒情适时浇水，植物无生理性缺水现象。正常年份每年浇水 6 次以上。浇水后及时划锄保墒。必须灌返青水和封冻水。夏季浇水避开高温时段，冬季在中午前后浇水。及时排除绿地或树池穴内的积水。浇灌设施完好，无跑、冒、滴、漏现象。

施肥。遵循“薄肥勤施”的原则，按植物特性及生长状态，科学选肥施肥，每年施肥 3 次。采用环施、穴施或沟施，挖施肥沟（穴）避免伤根。施肥后及时灌溉。雨后或浇水后 3~5 日及时中耕除草。草坪内乔木、灌木根部的树盘维护，绿篱周边的安全距离内，确保无杂草、杂物。松土完成后绿地保持平整，清除掉的杂草当日清运。绿地区域正常天气时每月中耕、除草 1 次。选用化学除草剂应保证园林植物安全。

修剪。行道树树形和分枝点保持一致，与路灯、监控、变压器等设备留出足够的安全距离。根据树木生长情况，每年落叶乔木、灌木修剪 2 次，保持树形美观。绿篱、色块每年整形修剪 2 次，控制高度，整齐美观。草坪的修剪应根据不同草种的习性和观赏效果，定期进行，高度适宜；暖季型草每年修剪 4 次以上，冷季型草每年修剪 10 次以上。适时修剪地被植物及草花，及时清除枯叶、残花。

病虫害防治。及时剪除病虫枝，保持通透，捕杀成虫，清除虫茧、虫卵，减少病虫源。病虫害控制及时，园林树木目视无明显蛀干害虫的危害痕迹，叶片上无虫粪、虫网。对虫口密度大、发生范围广的病虫害选用化学药剂防治。禁止使用高毒、剧毒农药，禁止随意混合防治药剂。施药时间科学合理，避开人流高峰时段。病虫害发生期，每日巡查，发现后及时防治，每年绿地病虫害防治施药 6 次。

③三级服务。

制定植物养护、绿地管理等工作制度，建立管理档案。制定植物养护管理技术措施，配备与绿化面积、植物种类、养护质量要求相适应的人员和必要的机械工具。绿地整洁、平整，土壤基本无板结、返碱现象；无堆物、侵占、破坏绿地现象；绿化垃圾日产日清。苗木生长健壮，叶色、大小、厚度正常、开花繁茂，无黄叶、焦叶、卷叶、残花、残果，树冠丰满，主侧枝分布匀称，修剪科学合理，造型美观。行道树缺株率在 2% 以下，新补植树种与原有树种规格、定干高度一致，有扶架措施；新补植树成活率达 95% 以上，保存率达 98%。绿篱、色块死株断档率在 2% 以下，生长健壮，枝叶繁茂；修剪及时，整齐一致，轮廓清晰，线条流畅，层次分明。地被植物、露地花卉生长健壮，开花繁茂，整齐一致，无病虫害，无残花败叶，裸地部分占比不超过 8%，杂草占比控制在 5% 以下。

草坪生长茂盛，叶色正常，覆盖率不低于 95%，杂草占比控制在 3% 以下，修剪平整美观、高度适宜，无病虫害；草坪绿色期：冷季型草不少于 240 天，暖季型草不少于 160 天。园林小品、栏杆、园路、桌椅、花钵、灯具、井盖和牌示等设施完好清洁、维修及时，浇水设施无跑、冒、滴、漏现象，给水阀、水表井内无积水，排水（碱）沟、管、井畅通无阻，每周清洁检修。每年冬季进行树干涂白，涂白均匀、无遗漏、高度一致。老苗木保存率达 95% 以上，绿地裸露部分占比不超过 8%，绿地内杂草占比控制在 3% 以下。

园林植物养护。新栽、补栽苗木应与原植物品种相同，规格相近，密度、数量相匹配。栽种前对苗木进行修剪，剪去断枝、断根、病虫枝、干枯枝、过密枝，适当疏叶、疏花。栽种后做好防护措施，乔木立支撑。栽种后及时浇水，当日第 1 遍水浇足浇透，第 3 日浇第 2 遍水，第 10 日浇第 3 遍水后培土封穴，补栽草坪每日喷水。每日巡视检查，大风后及时扶正、踩实。乔木、灌木发芽后及时抹芽除蘖。对根蘖成丛的宿根花卉，分株移栽，调整栽植密度。乔木、灌木新栽、补栽苗木成活率不低于 95%，绿篱新栽、被栽苗木成活率不低于 93%，地被植物新栽、被栽苗木成活率不低于 92%。

根据季节及土壤墒情适时浇水，植物无生理性缺水现象。正常年份每年浇水 8 次以上。浇水后及时划锄保墒。必须灌返青水和封冻水。夏季浇水避开高温时段，冬季在中午前后浇水。及时排除绿地或树池穴内的积水。浇灌设施完好，无跑、冒、滴、漏现象。

施肥。遵循“薄肥勤施”的原则，按植物特性及生长状态，科学选肥施肥，每年施肥 3 次。采用环施、穴施或沟施，挖施肥沟（穴）避免伤根。施肥后及时灌溉，叶面追肥宜在早晨或傍晚无风、无雨天气时进行。雨后或浇水后 3~5 日及时中耕除草，保持土壤平整、松散，无返碱、板结、开裂等现象。草坪内乔木、灌木根部的树盘维护，绿篱周边的安全距离内，确保无杂草、杂物。松土完成后绿地保持平整，清除掉的杂草随时清运。绿地区域正常天气时每月中耕、除草 1 次。选用化学除草剂应保证园林植物安全。

修剪。行道树树形和分枝点保持一致，与路灯、监控、变压器等设备留出足够的安全距离。根据树木生长情况，每年落叶乔木、灌木修剪 2 次，保持树形美观。绿篱、色块每年整形修剪 3 次，控制高度，保持轮廓清晰、整齐美观。草坪的修剪应根据不同草种的习性和观赏效果，定期进行，高度适宜；暖季型草每年修剪 4 次以上，冷季型草每年修剪 12 次以上。适时修剪地被植物及草花，及时清除枯叶、残花。园林植物修剪应符合以下质量要求：剪口平滑，不留残桩；从基部剪去的枝条不留橛；截除干径在 5 厘米以上的枝干，应涂保护剂；草坪每次修剪量不超过草坪高度的 1/3，保持高度一致，边缘整齐；草坪进入冬季枯萎期后统一进行一次底茬修剪，高度 5 厘米左右，达到防火要求。地被植物及草花无明显倒伏，无枯叶、残花。

病虫害防治。及时剪除病虫枝、挡风枝、遮光枝、徒长枝、枯死枝，保持通透，捕杀成虫，清除虫茧、虫卵，减少病虫源。病虫害控制及时，园林树木目视无明显蛀干害虫的危害痕迹，叶片上无虫粪、虫网。每半月维护、清理杀虫灯、黑光灯等诱捕器具 1 次。对虫口密度大、发生范围广的病虫害选用化学药剂防治。禁止使用高毒、剧毒农药，禁止随意混合防治药剂。施药时间科学合理，避开人流高峰时段。病虫害发生期，每日巡查，发现后及时防治，每年绿地病虫害防治施药 7 次。病虫害发生率符合以下要求：总发生率低于 5%；蛀干害虫发生率低于 3%；美国白蛾发生率低于 2‰。

3.3.3 设备设施管养标准

（1）范围

本标准规定了设备设施管养服务的基本要求、报修、验收及评价，以及给水系统、排水系统、供配电、公共照明、电梯、电子巡更及防盗报警系统、监控系统、车库管理系统等的服务要求。本标准适用于胜利油田的生产区、办公区设备设施管养服务。

（2）规范性引用文件

下列内容通过文中的规范性引用而构成本标准必不可少的条款。其中：注日期的引用文件，仅该日期对应的版本文件适用于本标准；不注日期的引用文件，其最新版本（包括所有的修改单）文件适用于本标准。

（3）术语和定义

本标准没有需要界定的术语和定义。

（4）基本要求

人员应统一着装，佩戴明显标识。人员应根据岗位要求持证上岗，二次供水管理人员应持有卫生健康证。纸质图纸应齐全，妥善保存。应建立设备台账、巡查制度、保养制度、维修制度，妥善保存运行、巡查、保养、维修相关记录。

（5）报修、验收及评价

公示服务项目、服务流程、投诉电话等，维修人员接到报修工单后，带齐工具、材料于30分钟内或在约定时间前赶到维修现场。停电、停水、停暖维修作业时，应检查维修区域内无安全隐患后进行。停电、停水、停暖影响甲方正常办公及生产运行时，应与甲方另行约定维修时间。维修区域施工时，要做好安全警示及防污染措施，应移走或覆盖可能被污染区域物品。维修完工后，收拾清点工具、材料，清理现场。请甲方试用、验收，说明使用注意事项，并请甲方签字确认维修质量和回复完工。对维修质量进行跟踪服务，在完工24小时内进行回访并督促落实回访发现的问题。

（6）给水系统

应在供水泵房墙面上悬挂相关管理制度及管网流程图，每周至少巡查并记录1次。特殊天气时应增加巡查频次。水泵运行平稳，无噪声，规范加压操作，确保末端的水压及流量满足使用要求。管线有清晰的流向指示，阀门灵活可靠，悬挂设备运行牌。集水沟、池应清洁完好，盖板无破损。每周对供水设备、阀门、管道巡检1次，确保设备运行正常，阀门、管道无跑、冒、滴、漏现象。每月对阀门井、水表井、检查井等设施巡检1次，确保设施内无垃圾、杂物、积水；房门、盖板无缺损，井壁无破损。每季度对各级阀门检修1次，确保阀门启闭灵活、标识清晰、有明确控制范围，水表计量准确，应有冬防保温措施。每周检查1次水箱浮球及高、低水位设定值，确保供水正常。每半年对二次供水水箱进行清洗消毒1次；二次供水水质受到污染时，应当立即上报并采取措施，消除污染。水箱入孔应加盖密闭，溢流管、排气管等应有防止小动物进入的网罩。生活消防一体水箱，应确保最低水位满足消防要求。遇计划停水，应提前24小时通知使用人。遇紧急停水，应及时告知，并视情况做好送水应急保障措施。

（7）排水系统

应在汛期前、中期至少对雨排检查井、屋面、雨搭收水口进行集中清理、疏通2次。及时更换损坏的雨、污排井盖或设置临时安全警示标识，及时维修开裂、脱节的落水管。污排检查井每年清淤2次；化粪池周边有明显的警示标识，每年至少清淤1次。污水系统（下水管道、污水井、地漏）发生堵塞，工作人员应在30分钟内到达现场开展疏通作业。在污水池、泵房内设置安全警示标识，通风设备运行正常。无人值守污水泵房应每周巡查保养1次并记录。污水泵每周进行1次“手动”“自动”切换检查，每月进行1次主备泵轮换使用。隔离栅杂物每月检查清理1次；每月至少进行1次阀门启闭动作；每季度检查清理1次泵池、污水井内杂物；每年进行1次全面除锈刷漆检修。每年进行1次电源控制箱除尘、紧固各回路接头；回路标识清晰准确，无安全隐患。

（8）供配电

制定供配电系统管理制度、作业规程及临时用电管理措施。在供配电设施上设置安全警示标志，电力线路按照安全规程要求铺设整齐。保持设备、机房干净整洁，发电机房、配电室设置防止小动物进入的挡板。遇计划停电，应提前24小时通知使用人；遇紧急停电，应及时告知使用人，并视情况做好应急保障工作。配电系统设备设施日常巡检频次及检修项目包括但不限于：每周巡检配电室、变压器、风机等相关配电设施运行状况；每月清洁检测配电母线槽接头及运行温度；检查清洁直流屏、电池；每季度维护保养电源开关、接触器、指示灯、转换开关、按钮接线；检测动力箱电缆T接口和母线插接箱接口等相关配电设备的运行温度；对电容器、避雷器瓷瓶、电柜进行清扫除尘；每年对变压器房、低压配电房、配电柜、楼层开关箱检查维护2次，并保留记录；配电柜除尘，检查接口螺丝、开关触头、二次接线、试验开关分合闸；对建筑物外围射灯、固定铁架、线管除锈刷油漆1次；低压配电房电柜母排和电缆接口、电容器接口、避雷器瓷瓶连线、开关等接口除尘紧线、试验开关分合闸；楼层配电开关箱除尘紧线。各层其他功能的设备配电房电箱：检查电源开关、接触器、指示灯、转换开关、按钮等供变电系统；定期对应急照明（带蓄电池）设施进行检查、维护，每月对蓄电池组进行充放电试验1次，使其处于有效待命状态；每半年对变配电设备设施至少检查、维护、清洁1次，并做记录；应急供电系统发电机控制柜手动及自动启动正常，各类表计显示正常；应按规定的周期对发电机组设备进行检查、维护，保持设备完好，定期启动及维护备用发电机组，确保随时可应急启用，自动转换开关状态显示完好。

（9）公共照明

室内公共照明设施：公共区域照明灯具每日巡查1次，发现问题及时处理。会议室、接待室、办公室照明灯具每周巡检1次，发现问题及时处理。照明控制开关每月进行1次开断试验，检查控制开关是否正常工作。照明系统动力线路总开关每季度检修1次。内照明系统动力电路每年检修1次。室外公共照明设施：公共区域照明设施每周巡检1次，发现问题及时处理；公共照明控制开关每月进行1次开断试验，检查控制开关是否正常工作；公共照明系统控制柜每季度检修1次；照明系统动力线路及灯杆接地电阻每年检修1次；根据季节变化及时调整公共照明系统的亮灯开关时间。路灯和庭院灯设施完好，日亮灯率达95%以上，法定长假日亮灯率达98%以上；具体亮灯指标符合甲方要求。

（10）电梯

应委托依法取得相应许可的电梯维保单位进行维保，符合《电梯维护保养规则》

TSG T5002—2017的规定。配备电梯安全管理员，并定期对其进行安全教育、培训和考核。每日有专人对电梯设备运行情况进行巡查，记录电梯日常巡视及使用状况，包括但不限于以下巡视内容：厅外、轿厢内楼层指示灯、指令按钮、开关门有无异常；轿厢内各类标识是否齐全完整；轿厢内的照明、对讲、报警装置、风扇是否正常；轿厢及机房内的卫生是否符合要求；机房内温度是否保持在5~40℃，相对湿度是否控制在85%以内；机房内照明、灭火器材是否齐全、合格；机房内盘车手轮、开闸扳手、安全操作规程和紧急救援操作规程等是否按规定悬挂；电梯各部件运行时有无异常。基站和轿厢分别设置有清晰、明确的楼层导向信息。在轿厢规定位置整齐张贴电梯应急救援、特种设备使用、电梯维护、乘客须知等标识，各类标识完整清晰。在电梯机房明显位置张贴电梯安全操作规程、电梯困人救援规程、电梯机房管理规定等；定期填写巡视记录本、维保计划、维保记录本，保持机房内干净整洁。

督导电梯维保和电梯检验计划的落实，对维保单位的维保记录进行签字确认。发现电梯运行故障和事故隐患，及时通知维保单位和使用单位负责人，并配合进行处置。采取必要措施，劝阻和制止易对电梯造成污染和运行损害的现象和行为。建立应急事件处理机制，培训本单位工程技术人员，解决一般电梯故障，发生重大电梯故障时，应对维保单位到达现场的时间作出要求。当有火灾、水灾、停电、地震等可能影响电梯安全使用时，应及时会同维保单位人员确认每台电梯无人后做停梯处理，并在基站做好温馨提示。

（11）电子巡更及防盗报警系统

工作站工作正常、整洁。巡更器具工作正常，巡更点位置正确、安装牢固、工作正常。各类防盗探测器安装牢固、线路无损、工作正常、整洁。防盗报警控制器线路无损、工作正常、整洁。摄像机安装牢固、位置正确、工作正常、整洁。视频记录设备工作正常、整洁。监视器工作正常、图像清晰、色彩良好、整洁。矩阵工作正常、线路整齐、标识清楚。

（12）车库管理系统

工作站、服务器、收费站工作正常、整洁；取票站、栅栏机安装牢固、工作正常。区域及车库车位计数显示器工作正常、整洁、数据准确。图像识别系统工作正常，摄像机功能工作正常。定期进行系统检查、检修保养，保证系统运行正常。服务意见征询采取多种形式，如电话、座谈、调查问卷等，每年至少与甲方单位沟通2次，征询对绿化服务的意见，问题处理率达100%。

（13）投诉处理

公布监督投诉电话。接到投诉，应做好详细记录。及时跟进处理进度，必要时与客户进行沟通。投诉事项办结后，向客户反馈处理情况，并征询客户的意见、建议。

3.3.4 秩序维护服务标准

（1）范围

本标准规定了秩序维护服务的基本要求，以及出入管理、值班巡查、监控值守、车辆停放管理、消防管理、应急防范、监督与投诉的服务要求。本标准适用于胜利油田生产区、办公区的秩序维护服务。

（2）规范性引用文件

下列内容通过文中的规范性引用而构成本标准必不可少的条款。其中：注日期的引用文件，仅该日期对应的版本文件适用于本标准；不注日期的引用文件，其最新版本（包括所有的修改单）文件适用于本标准。

（3）术语和定义

本标准没有需要界定的术语和定义。

（4）基本要求

服务人员应经过相关安全防范知识和岗位技能培训，达标后方可上岗。应配备秩序维护服务所需的器具器械、设备设施，并保持器具器械、设备设施完好。能够正确使用警用器械，熟练掌握秩序维护有关要求。应穿着制服上岗，仪容仪表整洁，佩戴统一标志，正确佩带器械。从事厂区巡逻工作应持有机动车驾驶证。

（5）服务用语

服务人员应使用普通话。在岗时应使用服务用语。服务用语包括但不限于：您好，我是××单位秩序维护员；您的意见和建议很中肯，我们会及时改进；您好，请配合我们的工作，谢谢；请您出示有效证件；请您登记；感谢您的配合。

（6）服务内容

出入管理，应根据工作需要配备必要的秩序维护人员。实行封闭管理，重要出入口应实行 24 小时值守。外来车辆及人员应实行查验登记制度，并做好记录。有效疏导机动车、非机动车，保持出入口畅通。发现危险物品应禁止其进入，并及时上报。阻止无准入许可的车辆及人员进入，协助做好应急处置工作。协助甲方做好来访人员接待及疫情期间人员出入管控等工作。值班巡查人员应 24 小时在岗，且不少于 2 人一组。合理安排巡查路线，巡逻时携带必要装备。每天巡逻不少于 4 次，对重点区域提高巡逻频次。按照巡查路线设置巡更点，巡查时依次打更，做好巡更记录。应对巡逻区域内的重要设备设施及部位进行巡查巡视，包含但不限于以下设施及部位：视频监控探头、巡更点等技防设施；消防栓、烟感报警器、喷淋头、手动火灾报警器等消防设施；水电井（箱）、暖气井（箱）及管道；楼体外墙。巡查记录应真实有效、整齐完整。

发现异常情况，应立即通知相关部门，并采取必要措施，包括但不限于：可疑人员；异常声响、气味；匪警、火警等警情；大风、洪涝等公共安全事件；其他可疑情况。监控值守岗实行 24 小时专人值守。监控资料保存时间应不少于 30 天。监控室收到火情、险情及其他异常情况报警信号后，应及时报警，上报相关管理部门，安排相关人员及时赶到现场进行前期处理。确保监控室内通信畅通、接听及时。

车辆停放管理应实行专人管理，保证车辆停放有序。合理划定停车区，设置相应标识，维护车辆通行秩序，对乱停车辆进行引导。超高、超长、运载易燃易爆危险品车辆应按有关规定停放。

（7）消防管理

建立消防安全管理制度，明确消防安全责任人、消防安全管理人。定期组织防火巡查和防火检查，检查记录填写规范。消防控制室应实行 24 小时值班，每班不少于 2 人；值班人员应持有消防设施操作员初级以上职业资格证书。配置满足需要的灭火器材，符合《建筑灭火器配置设计规范》GB 50140—2010 的要求。消防系统报警时，消防控制室值班人员应按以下流程操作，通知巡查人员第一时间到现场查看；经巡查人员现场落实，属于消防报警误报的，消防控制室值班人员应做好记录，并取消警报；发生火情的，应按照火灾应急处置程序迅速处置；巡查人员未及时反馈信息的，应每隔5分钟联系巡查人员1次。

应建立消防档案，统一保管、备查。保持消防通道畅通，标识齐全、醒目。定期开展人员培训。培训内容包括但不限于：消防法规、制度；消防“四个能力”培训；消防器材使用；消防安全操作规程。

（8）应急防范

制定应急预案，每半年至少组织1次应急演练。应急预案包括但不限于：突发火灾；自然灾害；电梯故障；紧急停电、停水；治安事件；意外伤害；恶劣天气；危险化学品泄漏。

（9）监督与投诉

服务意见征询采取多种形式，如电话、座谈、调查问卷等，每年与甲方单位进行沟通不少于2次，征询对秩序维护服务的意见，问题处理率达100%。

投诉处理。公布监督投诉电话。接到投诉，应做好详细记录。及时跟进处理进度，必要时与客户沟通。投诉事项办结后，向客户反馈处理情况，并征询客户的意见、建议。

3.3.5 会务服务标准

（1）范围

本标准规定了会务服务的服务人员、会前准备、会中服务、会后整理、非会议期间日常清洁、突发事件及监督与投诉等要求。本标准适用于胜利油田生产区、办公区的会务服务。

（2）规范性引用文件

下列内容通过文中的规范性引用而构成本标准必不可少的条款。其中：注日期的引用文件，仅该日期对应的版本文件适用于本标准；不注日期的引用文件，其最新版本（包括所有的修改单）文件适用于本标准。

（3）术语和定义

本标准没有需要界定的术语和定义。

（4）服务人员

一般要求。会议服务人员应满足以下要求：熟悉基本礼仪和服务敬语；熟记岗位职责要求，规范处置会议期间的突发事件；能够有效协助会议主办方按规定程序完成会议议程。

职业素养。会议服务人员应具备以下职业素养：遵守保密纪律和会议主办方的保密要求；不得将任何会议内容信息透露给他人或其他组织机构；熟悉本岗位的服务流程和相关知识。

（5）服务礼仪

服务人员着装应符合下列要求：统一着装，着装合身、整洁；服装领口和袖口纽扣均扣好；工牌号清晰、无污损，佩戴在左胸上方。上岗前整理仪表，面容整洁，头发应洁净、整齐、发型统一。服务前不食用有异味或易产生异味的食品。行为举止得体大方，表情自然，情绪饱满，面带微笑。站姿自然平稳，身体正直，坐姿端庄。走动姿势端正，行进速度适中，两眼平视，身体平稳。双手不应插入口袋或有叉腰、抱胸、挖耳鼻、弄头发等行为。在岗期间不嚼口香糖、不吃零食。遇到参会人员应主动让路，主动问好。服务时应使用礼貌用语，包括但不限于：您好、请用、谢谢；请、欢迎光临；对不起、没关系。与参会人员主动打招呼，态度诚恳、热情、周到。

（6）会前准备

与主（承）办单位充分沟通，明确开会时间、会期、议程、会议地点、参会人数、会议综合预算等内容。与主（承）办单位沟通，按要求摆放会标、宣传牌或悬挂条幅；如需要铺置台呢，台呢应整洁、平整，凸缝向上并位于桌面中线上，包好桌角。会场座席桌椅摆放主次分明、协调对称；可控麦克风摆放整齐、方向一致，摆放位置不应阻挡参会人员视线。根据主（承）办方要求，做好会议室的地面、桌面、窗户、茶具、会议设备等卫生清洁工作。根据会议要求，会前半小时准备好足量开水；如使用茶杯，应提前在杯中放入少量茶叶，并放好垫碟或杯垫，茶杯放在垫碟（杯垫）上，杯把向右成 45 度面向参会人，达到横向、纵向一条线的要求；笔纸摆放：应将纸摆放在距下桌沿 1 厘米正对椅背处，笔尖朝上成 45 度；桌签摆放在椅子正前方。应预先对所有设施功能进行检查，确认其状态完好，服务人员应熟悉关键应急补救措施。

按照主（承）办方要求，会前1小时调试视频会议设备、投影设备、话筒，调节灯光，以便随时使用；及时开启空调等制冷、送暖设备，以保证室内温度控制在22~26℃；其他时节要提前做好室内通风。对会场服务内容进行逐一检查，确保达到会议准备要求。在明显位置摆放会议标识牌，标明会议名称、主办单位及会议所在楼层和去往方向，会议室引导标识应连续、清晰、准确。应在会前半小时打开会议室门，站在会场入口显要位置，指引参会人员入场。

（7）会中服务

根据会议需求，安排服务人员站在会议室门口指引参会人员，并致“欢迎光临、上午（或下午）好！里面请！”欢迎词，对重要领导和贵宾宜引领至其座位处。根据主（承）办单位需求，在会场入口设置保安员，维持会场秩序，禁止与会议无关的人员进入会场。参会人员达50人及以上的会议，会议开始15分钟前进行HSE（健康：Health；安全：Safety；环境：Environment）风险和应急方案告知。会议开始后及时关闭会场门，确保会场安静；会场空调、灯光、音响等根据需要适时调节。会议开始15分钟后续茶水，之后每隔15分钟续1次，宜根据饮茶速度适当调整时间；对会议发言人，服务人员应视饮水速度随时续水。提供颁发证书、奖牌服务的，应按照会议主（承）办方的要求进行。会场宜保持至少2名服务人员在场，随时观察会场情况，遇设备故障等突发事件及时处置。会场洗手间应保持清洁、无异味，卫生设施完好。参会人员退场时，应提前5分钟打开会议室门，引导参会人员退出会场并提示带好个人物品。

（8）会后整理

检查会场是否有遗失物品，如有应立即归还参会人或主（承）办方。检查会场及相关的物品是否有缺失、损坏，发现问题及时告知会议主（承）办方。回收可重复使用的会议用品，多余会议物品应上交相关部门。清理会议期间的丢弃物，对会议室进行清洁，会议场所应使用1次保洁1次。集中清洗、消毒茶水杯，将桌、椅等恢复原状并摆放整齐。关闭投影设备、音响、空调、灯光；检查有无安全隐患，确认安全后，关闭门窗，填写服务记录。

对于非会议期间的日常清洁，清洁内容包括但不限于以下内容：茶水杯、暖壶、白板、桌椅、开关、窗户、地面、天花板、墙壁、茶水柜、空调、绿植等。清洁符合以下要求：茶水柜每日擦拭1次，保持表面、侧面、边角无污渍。茶水杯每日消毒1次，保持内壁、外壁无污渍；茶叶、水杯统一定位摆放。设有白板的，白板每日清洁1次，保持干净，无污渍；白板笔分颜色整齐摆放在下方搁板处，会议结束后，将其挪至靠前窗边处。会议桌每日擦拭1次，摆放整齐，保持整洁，无污渍。室内各类开关每日擦拭1次，空调内机每日擦拭1次，保持整洁。室内窗台、玻璃每周擦拭2次，无灰尘、污渍。室内地面每周清洁2次，无垃圾。铺设木质地板的，每月打蜡保养1次；铺设地毯的，每周用吸尘器吸尘2次。墙壁、天花板无蜘蛛网或其他附着物。

（9）突发事件

会议服务突发事件包括但不限于：突发火灾、会场停电、外人闯入，以及出现公共卫生安全事件。发生火灾时，服务人员应密切关注会场情况，立即切断电源，停止一切设备运行；按应急处置方案引导参会人员紧急疏散，利用现场消防设施灭火，并视火灾情况拨打“119”报警。出现停电时，服务人员应立即打开会议室门，拉开窗帘，联系电力部门询问能否及时恢复供电。投影仪等设备出现故障时，应及时调试、维修或提供备用设备。出现外人闯入时，应及时通知安保人员并协助会议主（承）办方将外来人员请出现场，确保会议正常召开。出现公共卫生情况时，应按照油田公共卫生安全要求，配置相应的卫生检测设施，对参会人员逐一进行健康检测，符合参会要求方可进入会场。若参会人员突发疾病，应根据病人病症情况进行紧急处理，并及时拨打“120”急救电话。

（10）监督与投诉

服务意见征询采取多种形式，如电话、走访、座谈会、调查问卷等，每年与主（承）办单位进行沟通不少于2次，征询对会议服务的意见，问题处理率达100%。

服务监督。会议服务单位应主动接受主办单位的监督，公布监督投诉电话。受理和处理主办单位的投诉应做好记录。积极配合有关部门做好投诉处理工作，对投诉处理结果进行反馈、回访。

3.3.6 供热（冷）运维服务标准

（1）适用范围

本标准规定了胜利油田厂矿、办公区域供热（冷）运维服务的基本原则、基本要求、服务界面、运维标准、服务标准、安全管理、服务评价与改进。结合供热（冷）运维服务特点，供热运维服务时间为 7 个月、供冷运维服务时间为 5 个月，室内、室外供热（冷）设施运维费用根据服务面积阶梯式分档计价。本标准适用于胜利油田厂矿、办公区域供热（冷）运维服务。

（2）规范性引用文件

下列内容通过文中的规范性引用而成为本标准的条款。其中：凡是注日期的引用文件，其随后所有的修改单（不包括勘误的内容）或修订版文件均不适用于本标准，然而鼓励根据本标准达成协议的各方研究是否可使用这些文件的最新版本；凡是不注日期的引用文件，其最新版本文件（包括所有的修改单）适用于本标准。

（3）基本原则

聚焦全方位、深层次推进油田“五大战略”“三大目标”，以资源优化、提质增效为核心，以油田新型后勤服务管理平台为载体，以热力专业化服务力量为支撑，以管理提效、服务提质、节能降碳为重点，坚持主动融入、资源优化、合作共赢、优质高效原则，不断提升服务油田主业的能力，为油田建设领先企业、打造百年胜利、推动高质量发展提供坚实后勤保障。

（4）基本要求

资质要求：供热（冷）运维单位应在取得相关经营许可后，按照与用热（冷）单位的相关服务约定，对油田厂矿、办公区域供热（冷）设备设施进行运维管理，为用热（冷）单位提供优质服务。

严格遵守国家法律、法规，诚实守信、恪守承诺。真心实意为用户着想，尽量满足用户的合理要求。熟知本岗位的业务知识和相关技能，岗位操作规范、熟练，具有合格的专业技术水平。运维服务人员应经过行业主管部门和其他有关部门的安全和技术培训，持证上岗。行为举止规范，运维服务人员上岗应佩戴岗位标志，仪表大方，精神饱满，举止文明。为用户提供服务时，应礼貌、谦和、热情。当用户的要求与政策、法律、法规及本单位制度相悖时，应向用户耐心解释，争取得到用户理解，做到有礼有节；用户提出不合理要求时，应向用户委婉说明，不得与用户发生争吵。

（5）服务界面

独立热（冷）源站区域（如空气源热泵、地源热泵、燃气锅炉、制冷机组等）服务界面包括热（冷）源设备设施的运行维护保养，热（冷）源至室内的管线、阀门及附属设施以及室内散热设施的维护保养及用户服务。

独立换热站区域服务界面包括换热站及站内设备设施的运行、维护、保养，换热站至室内的管线、阀门及附属设施以及室内散热设施的维护保养及用户服务。

接入市政热网区域服务界面包括市政与厂区资产分界点至室内的管线、阀门及附属设施以及室内散热设施的维护保养及用户服务。

（6）运维标准

运行期运维标准，按照区域内市政部门统一时间或合同约定时间，及时启运供热（冷）系统，为用户提供符合要求的供热（冷）运维服务。供热（冷）系统启运前应对系统进行充水、试压、检漏，减少故障停运隐患。启运初期应及时进行系统排气，确保运行正常。供热（冷）运维单位应综合考虑环境温度、天气状况等因素，科学调控供热（冷）系统，满足用户需求，实现绿色、低碳、经济运行。

独立热（冷）源、换热站设备设施运维：应严格执行巡回检查制度，可实现远程调控的，实时掌控运行数据，每日巡检频次不低于 2 次；无法实现远程调控的，每日巡检频次不低于 4 次，做好巡检和运行记录，定期对设备设施进行保养维护，确保供热（冷）系统运行安全。供热（冷）管网及附属设施运维：每周对管线、阀门及附属设施进行 1 次巡回检查，发现问题隐患的应及时处置，并做好巡检记录。室内供热（冷）设施运维：每周对室内设施进行 2 次巡回检查和室温测量，发现问题及时处置，做好巡检及测温记录。

热（冷）源、换热站内设备设施检修、维护、保养：按照锅炉、热泵、机泵、机组、换热器、阀门等设备设施维护保养规范要求，制订检修计划，组织开展检修保养；对影响正常供热（冷）系统运行或存在安全隐患的设备设施，制定维修改造方案并推进实施。供热（冷）管网及附属设施检修、维护、保养：按照管网及附属设施维护保养规范要求，制订检修计划，组织开展检修保养；对影响正常供热（冷）系统运行或存在安全隐患的管网及附属设施，制定优化改造方案并推进实施。室内供热（冷）设施（散热器、风机盘管、阀门阀件）检修、维护、保养：按照室内设施维护保养规范要求，制订检修计划，组织开展检修保养；及时处置漏水、淤堵的散热设施，维修、更换故障阀门、阀件；对锈蚀严重、散热效果差的室内设施制定优化改造方案并推进实施。定期对热（冷）源、换热站、室内设备设施及供热（冷）管网进行巡回检查，做好检查记录，发现问题及时处置。按照“三标”管理要求，对热（冷）源、换热站、管网及附属设施进行现场标准化建设。

（7）服务标准

用户室温：办公室、值班室、会议室、宿舍等功能性用房，冬季供热室内温度不低于 18℃；上述场所夏季供冷室内温度不高于 26℃。层高大于 3 米的工矿厂房及特殊用房，按照合同约定执行。有合同特殊约定的，按照合同特殊约定执行。

基础礼仪：客服人员应统一着装，挂牌上岗，衣帽整洁。对待用户要主动、热情，按照规范礼仪姿态引导用户并耐心解答用户疑问。熟悉业务流程，能够解答用户涉暖方面的基本技术知识问题。

电话接听：用户来电接听应快速响应、热情接听、礼貌用语、解答准确。接到用户故障报修时，应详细询问故障情况，记录故障信息并通知运维人员前去处理。刺漏类报修应在线告知用户紧急处理措施，防止故障扩大，减少故障损失。

用户服务：严格执行“六个一”服务标准（一副鞋套、一块抹布、一个水桶、一根放水管、一张派工单、一张满意率调查表），持证上岗、统一着装；礼貌待人，文明用语；业务熟练，清洁生产。

不热（冷）报修处置：接到不热（冷）报修后，第一时间与用户联系，2 小时内到达现场，原则上应在 24 小时内处置完成。检查、确认系统供热（冷）运行参数正常，检查用户供热（冷）管线进、出口阀门开关是否正常，异常时进行处置。经检查判断为气阻造成不热的，应对系统高点、散热器等进行放气、排除气阻，直至用户室内温度正常。排气时应使用放水管、抹布、接水盆等工具，防止对用户室内造成污染和损失。经检查判断为用户散热设施、出风口、管线、过滤器淤堵造成不热（冷）的，应按要求疏通、清理，直至循环畅通。经检查判断为工艺流程不合理、设备设施故障等复杂原因造成不热（冷）的，应科学制定优化处置方案，尽快改善不热（冷）现状，同时向用户做好告知解释工作。处置完成后，用户签字确认并在 24 小时内进行回访测温；室温仍不达标的，应继续进行处置，直至用户室温达标。

刺漏报修处置：接到刺漏报修后，应第一时间联系用户，指导用户先行关闭相关控制阀门，30 分钟内到达刺漏现场，进行应急处置。若刺漏情况简单，经过打卡子、更换阀件等无须电气焊作业或动用机械处置措施即可处结的，应在 8 小时内完成作业。若刺漏情况复杂，涉及地面开挖、管线更换、电气焊作业或动用机械处置措施的，应科学制定处置方案，尽快完成抢修作业，同时向用户做好告知解释工作。处置完成后应及时恢复供热（冷），经检查无异常后，须经用户签字认可，并在 48 小时内进行回访测温。

检测室内温度时，应以房屋对角线距地面高 1.2~1.5 米处为监测点，避开热（冷）干扰源。测温时应关闭门窗，待房间温度稳定后开始测温，测温仪表示值稳定后结束测温。室内温度测定结果由双方签字确认。测温人员应统一着装，熟悉并掌握供热（冷）法规及测温有关规定，文明服务，记录真实，不得随意填写或篡改测温结果。测温仪表由运维单位提供，如用户对测温仪表准确度有疑义可申请检定。检定费用由用户先行垫付，经检定合格，测温结果有效，检定费用由用户承担；经检定不合格，测温结果无效，检定费用由运维单位承担。

（8）安全管理

应制定安全技术操作规程及相关的安全管理制度，并定期更新，应建立应急预案管理体系，并定期组织演练。运维人员定期参加安全技术培训，并应按相关规定持证上岗。按规定设置安全和警示标志。指导用户科学、安全用热（冷），并向用户宣传安全用热（冷）知识。宣传内容应包括但不限于安全用热（冷）的基本知识。供热（冷）设施使用的安全条件：用户应遵循正确、科学的用热（冷）原则，掌握防范和处置供热（冷）事故的方法。

（9）服务评价与改进

每月开展 1 次服务质量调查，征求用户意见，并根据用户意见对服务质量进行改进和提升。服务质量调查应包含室内供热（冷）设施检查、室内测温、服务满意度测评等。极端天气下应适当加大服务质量调查频次。

3.3.7 食堂服务标准

本标准规定了胜利油田食堂服务的基本要求、人员配备及服务、就餐环境、食品生产质量管理、就餐服务、安全管理、服务评价与改进等内容。本标准适用主体为胜利油田所属单位职工食堂。鼓励和支持胜利油田所属单位职工食堂规范餐饮管理服务，促进餐饮快速、协调、健康发展，创造舒适的就餐环境，提升餐饮服务水平。

基本要求。食堂服务：服务机构受服务使用或管理单位的委托，按照服务约定，对区域职工食堂进行运行管理，维护环境卫生及相关秩序，以及对服务对象提供就餐服务。机构要求：服务单位需具有合法资质，内部管理完善，规章制度健全，实施全面质量管理。

严格遵守《中华人民共和国食品安全法》《餐饮服务食品安全操作规范》，树立“安全、卫生、营养、健康”理念，为服务对象提供细致、周到、热情、高效的服务。按照《中华人民共和国反食品浪费法》要求，倡导厉行节约，反对铺张浪费，切实养成勤俭节约的良好习惯。坚持绿色节能，倡导低碳运行，节约用水、用电、用气，降低能耗。

人员配备及服务。人员要求：需配备与服务相适应的从业人员，从业人员需掌握相应的职业技能，每年定期进行身体检查并办理健康证等。需配备专 / 兼职食品安全管理人员，且具备 2 年以上工作经历，并持有国家或行业规定的相关资质证明。需统一规范着装，佩戴专业卫生防护用具，仪容整洁大方、仪态端正得体，并熟悉常用工具的使用及保养方法。需遵守卫生管理制度，安全规范操作，保持良好的个人卫生习惯。

工作着装。在岗期间需着工装，佩戴工牌，应仪容整洁大方、仪态端正得体。工作着装有明显的岗位区分，应定点存放，定期清洗更换。从事接触直接入口食品工作的从业人员，其工作服宜每天清洗、更换。

食品处理区内工作人员，应戴清洁的工作帽、口罩，工作帽应能将头发全部遮盖住。专间工作人员按要求佩戴手套。餐饮从业人员需取得当地医院出具的健康证明，食品安全管理人员应每天对从业人员上岗前的健康状况进行检查。患有发热、腹泻、咽部炎症等病症及皮肤有伤口或感染的从业人员，应主动向食品安全管理人员等报告，暂停从事接触直接入口食品的工作，待查明原因并将有碍食品安全的疾病治愈后方可重新上岗。

手部有伤口的从业人员，使用的创可贴宜颜色鲜明，并及时更换。佩戴一次性手套后，可从事非接触直接入口食品的工作。患有霍乱、细菌性和阿米巴性痢疾、伤寒和副伤寒等《国家卫生计生委关于印发有碍食品安全的疾病目录的通知》中规定的有碍食品安全疾病的人员，不得从事接触直接入口食品的工作。

仪容仪表。女员工不留披肩发，长发盘起佩戴发网。男员工发不及领，鬓不过耳，不留胡须。女员工（非食品处理区内）化淡妆，不佩戴首饰。员工指甲要修理整齐，不留长指甲，不涂指甲油。

行为规范。员工应保持良好的个人卫生，做到“四勤”（勤洗手、勤洗澡、勤理发、勤换衣）。员工上岗前不得食用带刺激性气味的食物。应微笑待客，使用礼貌用语，热情服务。说话用尊称，态度平稳；说话要文雅，简练明确；说话婉转热情；说话讲究语言艺术，力求语言优美，婉转悦耳。举止端庄，接待宾客要彬彬有礼、热情友好，符合接待礼仪要求。

在服务中要做到“三轻”（走路轻、说话轻、动作轻），使用礼貌用语，如“欢迎”“欢迎您”“您好”“麻烦请让一下”“谢谢您”“请您稍候”“请您稍等一下”“对不起”“实在对不起”“再见”等。礼貌用语“四不讲”：不讲粗话，不讲脏话，不讲讽刺话，不讲与服务无关的话。礼貌用语“五声”：来有迎声，问有答声，工作失误有道歉声，受到帮助有致谢声，走有送声。

设备设施。食堂设备设施的配置应遵循安全、实用、环保、节能的原则。应配备满足工作需要的给排水设施、清洗消毒保洁设施、照明设施、冷冻（藏）设备设施等。就餐区应配备规模适宜的桌椅、取餐台等设施，宜有明确的用餐管理系统，配备刷卡设备等。工具、用具、餐饮具材料应符合相关标准要求，直接入口的食品采用无毒、清洁的材料包装，禁用有色塑料容器。洗涤、通风、防尘、防蝇、防鼠等设备设施齐全完好；上、下水道通畅，可使用防鼠板、灭蝇灯、金属隔栅或网罩等。

消毒设备标识清楚，食堂内明显位置应张贴有疏散示意图，图中应标明当前所处位置、疏散指示方向等。餐桌、餐椅完好率达 98% 以上；灯具完好率达 99% 以上；餐具完好率达 100%；电视、投影等电器完好率达 100%。

环境卫生。就餐环境优雅、宽敞明亮、干净整洁。餐桌、餐椅牢固平稳、摆放整齐。桌面上摆放有牙签筒、餐巾纸、桌签等，摆放整齐、统一。餐厅实行卫生责任制，由专人负责区域卫生，餐厅班长负责整体卫生监督，并对环境卫生进行检查，每周检查 1 次。餐厅地面、墙面、窗台干净、整洁，无灰尘，无蜘蛛网。地面每日保洁 3 次，墙面每周保洁 1 次，窗台每日保洁 1 次。餐厅桌椅干净整洁，灰尘、油渍、无污渍。餐桌每天保洁 3 次，餐椅每周保洁 1 次。餐厅室内空气清新、无异味，每日开门通风 1 次。餐具洁净无损，无水渍、油渍、污渍。冲洗：把餐具中的残渣剩饭先用流动的水冲洗；浸泡：冲洗后放入带有洗洁精的水池中浸泡；清洗：浸泡后放入洗碗机中清洗；保洁：用消毒过的干净毛巾擦干；消毒：放入消毒柜消毒。取餐台干净，无油渍，物品摆放整齐。每日餐前擦拭 1 遍，餐后擦拭 1 遍。

食品生产质量管理，膳食搭配：根据时令和季节的变化调整食谱，突出体现菜品的时令性和食品的多样性，科学安排每周菜谱，保证每餐菜品丰富，膳食营养搭配均衡，以满足就餐人员不同需求。鼓励使用绿色、有机食品，绿色食品和有机食品使用率保证在 20% 以上，倡导健康营养的膳食理念。选择正确的烹调方式，需做到多样化，尽量减少营养成分的流失。需不断改进烹饪技术，注重菜品的保鲜、保温。大锅菜分批炒，轮番供应，保证热饭、热菜、热汤供应，满足就餐需求。菜品的质量、形状、大小、厚薄、规格等符合烹调要求，菜肴新鲜，色泽良好，口味好，咸淡适中，油及其他调味品用量适中。

鼓励建立标准化菜谱库，适时推出新菜品。需掌握就餐人数，做到每天按人按量供应主 / 副食，不吃隔日剩饭菜，并根据就餐人数合理安排用料。科学安排节假日的伙食，保证供餐不间断。对于食材采购与储存，应与供应商签订食品安全责任书，采购食品及与食品相关产品的，实行索证管理。

食材入库前，应由食堂负责人、厨师长、保管员三方现场验货，签字确认。验收合格后的物资应分区、分架、分类、离墙、离地存放，做好登记，摆放整齐。采购的冷冻（藏）食品应及时冷冻（藏），宜使用食品箱并覆膜，不宜堆积、挤压食品。冷冻（藏）食品前宜分隔，避免使用时反复解冻、冷冻。

根据食品储存条件，设置相应的主 / 副食品库房，必要时设置冷冻库、冷藏库，冷冻库温度应低于 –12℃，冷藏（保鲜）库温度应为 0~8℃。库房应由专人管理。库房内应通风、防潮、防腐、防尘、防鼠，保持室内干燥整洁。出库应遵循“先进先出”的原则，库房管理人员应严格按照需求进行出库并做好记录。

菜品加工制作，根据食堂的特点和配餐标准、要求，制定食堂菜单。对食品加工区进行色标管理，符合《食品加工区色标管理规范》要求。员工在加工制作食品前，应洗净手部，手部清洗宜符合《餐饮服务从业人员洗手消毒方法》要求。不同类型的食品原料、不同存在形式的食品要分开存放，其盛放容器和加工制作工具要分类管理、分开使用，定位存放。接触食品的容器和工具不得直接放置在地面上或者接触不洁物；不得在食品处理区内从事可能污染食品的活动。

加工食品做到生与熟、成品与半成品、食品与杂物、食品与天然冰隔离存放；生熟加工用具、容器、冰箱要分开使用。配菜与出菜盘专用，标志明显；刀具无锈，盖布洁净，正、反标志清晰。公用餐、茶具及盛放直接入口食品的容器，采用物理或化学方法洗净、消毒，密闭存放。需要烧熟、煮透的食品，加工制作时食品的直属单位温度应达到 70℃以上。对特殊加工制作工艺，直属单位温度低于 70℃的食品，应严格控制原料质量安全状态，确保经过特殊加工工艺制作成品的食品安全。

高危易腐食品熟制后，在 8~60℃条件下存放 2 小时以上且未发生感官性变化的，食用前应进行再加热。再加热时，食品的温度应达到 70℃以上。应对食品进行留样，留样食品应包括所有加工制作的食品成品，每份不少于 125 克，有标签标明菜名、时间、留样人，并在规定位置冷藏条件（–8~0℃）下存放 48 小时以上。留样的采集和保管应有专人负责，做好留样记录。配备经消毒的专用取样用具和样品存放的专用冷藏箱。食品留样冰箱为专用设备，需上锁，严禁存放与留样食品无关的物品。

清洗消毒：设置专用的餐饮具清洗、消毒、保洁区域（或专区）及设备，清洗消毒设备设施的尺寸和数量应能满足需要。餐饮具清洗消毒水池应专用，与食品原料、清洁用具及接触非直接入口食品的工具容器清洗水池分开。提倡采用物理消毒（煮沸、蒸汽、紫外线）；采用化学消毒的，至少设有3个专用水池。各类水池应以明显标识标明其用途。从业人员佩戴手套清洗消毒餐饮具的，接触消毒后的餐饮具前应更换手套。手套宜用颜色区分。

接触直接入口食品的餐饮具在使用前应洗净并消毒，不得使用未经清洗、消毒的餐饮具。餐饮具做到当餐回收，当餐清洗消毒，不得隔顿、隔夜。消毒后的餐饮具要及时放入保洁柜密闭保存备用。盛放消毒餐饮具的保洁柜应有明显标记，保洁柜应当定期清洗，保持洁净。已消毒和未消毒的餐饮具应分开存放，保洁柜内不得存放其他物品。洗刷消毒结束，及时清理地面、水池，及时处理泔水桶，做到地面无积水，池内无残渣和泔水桶内外清洁。

定期检查消毒设备设施是否处于良好状态，采用化学消毒的，应定时测量有效消毒浓度。要有专人做好餐饮具清洗消毒及检查记录。

消毒标准。餐具消毒：所有餐具，清洗干净后，进行消毒处理。采用蒸汽、煮沸消毒的，温度一般控制在100℃，并保持10分钟以上；采用红外线消毒的，温度一般控制在120℃以上，并保持10分钟以上；采用洗碗机消毒的，消毒温度、时间等满足国家相关食品安全标准要求。取餐台消毒：每餐清洁后，用某消毒液按1∶100的比例擦拭消毒。地面消毒：每天早、中、晚3次用某消毒液按1∶500的比例消毒。凉菜间消毒：卫生清洁干净后，开启紫外线消毒灯30分钟，进行消毒。操作间用具消毒：刀、砧板等用具按加工种类生熟分开，使用后随时清理干净，每周高温水煮消毒2次，每次不少于30分钟。

菜肴质量标准。主食成品质量标准：要求成品量足，个头均匀，外形好看，价格合理，具体标准通过成品的色、香、味、形和营养价值体现，面条：软硬适中，碱适宜，不夹生。馒头：碱适宜，洁白、有光泽、弹性好。米饭：软硬适中，稀饭有黏性。包子、饺子：皮馅合适、味正，个头均匀，外形好看。油饼、油条：大小、长短、薄厚均匀，熟不焦，不卷曲。削面：碱适宜，不夹生。烤饼：碱适宜，配料好，味正，不夹生，不焦，不卷曲。

菜案成品质量标准：一般要求选料干净，加工细致均匀，配菜合理，成本准确，符合营养要求，火候适当，咸淡适口，菜肴的色、香、味、形皆佳。核算准确，标准投料，按质论价，公平合理。每餐有炒菜和小菜，要做到粗菜细做，细菜精做，不断增加花样品种。严禁霉烂变质的食品，杜绝食物中毒现象。

就餐服务基本要求：员工穿戴整齐、干净，挂牌服务。公布当日就餐饭菜种类（非自助餐模式还需公布价格）。做到文明服务、礼貌待人、说话和气、耐心解答、服务热情周到。讲究职业道德，处理好开饭中的各种问题，不与就餐人员发生争执。按规定的就餐时间开门售饭，争创文明窗口。售饭时采取保温措施，随时供应热菜、热饭。做好开完饭后各种炊具的回收工作。做好售饭台、餐具的卫生清洁工作。供餐方式可采用自助餐、自选等模式。

餐前准备：检查加温台、灯具等设备运行情况，餐卡收费系统开机、测试正常。餐具消毒充分，餐台、餐桌整洁干净。开餐前 10 分钟，需将制作好的饭菜、饮料、水果等放置在餐台、售饭窗口或盒饭外卖区域，菜名与菜品准确无误，调味品齐备。用餐环境准备包括：就餐区通风、换气；调整照明、温度至合理舒适；就餐区温度需在 18~26 ℃。

检查就餐区的设备设施运转是否正常，及时排除故障。餐具及餐巾纸准备充足，饰品摆放整齐、干净，达到搁叠艺术化。用餐车将餐具从洗碗机房运出，存入指定的餐具柜。餐厅各岗位人员在指定地点待命，准备开餐。

餐中服务：就餐期间由专人负责监督刷卡机（或刷脸）等设备运行，引导职工就餐，用餐高峰期需随时提醒，防止漏刷。上菜时盛菜容器需平稳抬放，防止汤汁外溢。如遇客人拥堵，需使用文明服务语言提醒避让。服务人员手不得直接接触菜品和盛菜容器内壁。需随时巡视取菜区的情况，发现菜品少于 1/3 时，要及时通知厨房人员增添菜品。及时补充餐巾纸、牙签、调料，保持餐台、餐桌、地面清洁，及时清除垃圾。在涉及公共卫生安全特殊时期（如新冠疫情防控期间等），工作人员需佩戴符合卫生防疫要求的口罩上岗服务。用餐服务期间服务人员站立姿势要端正，举止得体、态度和蔼，靠左侧行走，注意对方，如遇就餐人应侧身站立等客人先行。遇事需冷静，遇偶发事故时，切忌大惊小怪。

服务人员之间工作交流时，不宜高声叫喊。在巡台过程中，每 10 分钟检查 1 次温盘器的温度，使温盘器的温度控制在 70℃左右，确保菜品温度。饭菜汤、面食应保持在 70℃左右。餐后服务：就餐人员离开后，注意有无遗留物，如有遗留物，应妥善保存，等失主认领。

就餐结束后，需引导就餐人员将残羹分类倒入垃圾桶内，同时将餐具按要求放至指定位置。需及时整理清洁就餐区域卫生和餐桌的垃圾，补充纸巾、牙签等物品，对就餐区进行通风、消毒。就餐秩序维护：需严格执行食堂就餐制度，爱护食堂的公共设备设施；需营造文明有序的就餐环境，自觉维护食堂就餐秩序；需监督就餐人员不得随意丢弃饭菜残渣、餐巾纸等杂物，按照垃圾分类要求存收餐饮垃圾；在特殊时期（如新冠疫情防控期间），需做好宣传引导，督导就餐人员必须落实佩戴口罩、分桌就餐、错时就餐等防控措施；就餐人员须排队并接受工作人员安排，用餐时不得高声喧哗，碗、筷、匙不得故作撞击声。就餐完毕，剩余残渣要分类倒入垃圾桶。厉行勤俭节约，杜绝浪费粮食，设立兼职文明用餐监督员，每餐进行监督。

配送服务：配送的食品有包装或使用密闭容器盛放，容器上标注食用时限。储存、运输对温度、湿度有特殊要求的食品，应具备保温、冷藏或者冷冻等设备设施，并保持功能有效。

使用专用的密闭容器和车辆配送食品。配送食品的车辆不得与运输杀虫剂、杀鼠剂等有毒有害物品的车辆混用。符合餐饮服务集体用餐配送相关制度和标准要求。注重日常食品安全检查监督工作，定期开展自查，排查和消除食品安全风险隐患。制定食品中毒等应急处置预案，发生食品安全事故后，应立即停止食品供应，启动突发事件应急处置，协助做好应急救治工作。食品卫生、质量、安全管理，需严格按照食品卫生安全管理规定执行。确保库房安全，库房钥匙由保管员一人掌管，不得移交他人，保管员不在时，应由食堂负责人指派他人掌管。

食堂值班员（白天和夜间）要坚守岗位，检查餐厅及后厨的水、电、气、暖等安全工作。灶具、盛器要及时洗刷、消毒；生熟分隔；初加工的蔬菜要分开，生熟切制工具要分开。原料分类保管，库房无霉烂及虫害、鼠害，墙壁干净无灰尘，地面整洁，门窗干净，要有“三防”（防蝇、防尘、防鼠）设备。餐饮从业个人需取得健康证方能上岗，每年必须进行 1 次健康体检，新参加工作的餐饮从业人员，必须经健康检查合格方可参加食品制作，严禁无证人员上岗操作。炊管人员工作时必须穿工作服，戴工作帽，头发不得外漏。

操作时讲究卫生，不允许工作期间抽烟，操作食品前必须洗手消毒，不得在食品附近出现打喷嚏、擦鼻涕、挖耳朵或其他不适宜的动作，尝味应用小碗和汤勺，尝后不能倒入锅中，严禁涂指甲油和佩戴戒指。抹布要专用，经常搓洗、煮沸消毒，工作时不得穿拖鞋。养成良好的卫生习惯（勤洗澡、勤剪指甲、勤理发、勤洗换衣服和围裙），不得随地吐痰、乱扔杂物，大小便后要洗手消毒，不得用围裙擦手、擦刀。

供餐服务结束后，必须将餐厅各处清理整洁，地面冲洗干净，炊具清洗干净，各种食品、物品归类摆放整齐。机械清洁卫生：和面机、馒头机、拌面机用后清理干净，不得外溢；饺子机、削面机、肉片机用完后清除里面的肉馅、肉片，冲洗干净、盖好。

就餐环境安全：地面上尽可能保持干燥清洁。若盘子、玻璃器皿、液体或食物溅落在地板上，要立刻擦拭清理。保洁地面时，在用湿拖布擦拭后再用干拖布擦拭。下雨天，人员出入门口需铺设防滑地毯，以防人员摔倒。在进出配餐间或厨房时，按规定的路线及指定的门进出，当只有一扇门时，应小心开启，以免触碰他人。食堂餐厅的消防安全预防与管理需按照《中华人民共和国消防法》的有关规定执行，保障消防通道畅通和灭火器材、消防标识充足、完好。

需在餐厅合适区域张贴温馨提示标语，如在餐厅地面设置“小心滑倒”、在取餐台设置“小心烫伤”等标语。按照疫情防控要求，安装防疫指示标识，如“一米间隔线”“请佩戴口罩入内”等。

每季度进行 1 次餐厅服务满意度调查，根据调查结果及时调整伙食。了解服务对象合理需求，及时处理反馈意见与投诉。虚心听取就餐者的意见和建议，对合理化建议和意见要采取措施及时改正，不断改进服务内容和质量。通过改进服务方式、丰富服务内容、拓展服务领域、创新服务机制的方式，不断增强服务评价的针对性和时效性，提升服务满意度。食堂从业人员必须遵守各项食品安全管理制度，为就餐人员提供健康、安全和有营养的食品，以及优质的服务，并自觉接受监督。如果出现环境卫生问题、服务质量问题或被投诉时，应按照食堂服务质量管理相关制度，对相关责任人进行处罚，并加以改进。

3.3.8 公寓服务标准

本标准规定了胜利油田区域公寓服务的基本原则、人员要求、房间配备标准、住宿服务、环境卫生服务、物业服务、综治服务、服务评价与改进等内容。规范公寓管理服务，提高公寓服务水平，坚持管理精细化、服务亲情化的准则，树立“服务至上、质量第一、团结高效、勇争一流”的理念，提供温馨如家的区域公寓服务。胜利油田区域公寓分为宾馆（招待所）、职工（人才）公寓两种类型，宾馆（招待所）内餐饮服务按照《食堂服务标准》相关规定执行。

工作人员要求。人员配备：中职及以上学历，五官端正，经过岗前培训，经考核合格方可上岗。从业人员上岗前应取得健康证明，并每年进行健康检查并取得健康证明，必要时应进行临时健康检查。宾馆（招待所）、职工（人才）公寓应配有公寓班长、前台接待、服务人员等。

工作着装：统一着装，佩戴工牌，应仪容整洁大方、仪态端正得体。工作装应定点存放，保持干净无污渍。女员工化淡妆，不佩戴首饰，不留披肩发，长发盘起并佩戴发网。男员工发不及领，鬓不过耳，不留胡须。员工指甲要修理整齐，不留长指甲，不涂指甲油。

行为规范：员工应保持良好的个人卫生，做到“四勤”（勤洗手、勤洗澡、勤理发、勤换衣）。员工上岗前不得食用带刺激性气味的食物。应微笑待客，使用礼貌用语，热情服务。举止端庄，接待宾客要彬彬有礼、热情友好，符合接待礼仪要求。

标准间配置标准见表3-3-1，套间配置标准见表3-3-2，职工（人才）公寓房间配置标准见表3-3-3。

表3-3-1 标准间配置标准

序号	名称	单位	数量	规格
1	标间床体	张	2	1.2m × 2.0m
2	标间床垫	张	2	1.2m × 2.0m
3	床头柜	个	1	
4	电视	台	1	

续表

序号	名称	单位	数量	规格
5	电视柜	个	1	
6	茶几	个	1	
7	圈椅	把	2	
8	电话	部	1	
9	台灯	个	1	
10	行李架（柜）	个	1	

表 3-3-2　套间配置标准

序号	名称	单位	数量	规格
1	床体	张	1	1.8m × 2.0m
2	床垫	张	1	1.8m × 2.0m
3	茶水柜	个	1	
4	电视	台	2	
5	写字台	张	1	
6	椅子	把	1	
7	书架	个	1	
8	衣柜	组	1	
9	茶几	个	1	
10	沙发	套	1	3 人 +2 人 +1 人
11	电话	部	1	
12	水吧	台	1	
13	鞋架	个	1	
14	行李架（柜）	个	1	

表 3-3-3　职工（人才）公寓房间配置标准

序号	名称	单位	数量	规格
1	标间床体	张	2	1.2m × 2.0m
2	标间床垫	张	2	1.2m × 2.0m
3	床头柜	个	1	
4	电视	台	1	
5	电视柜	个	1	
6	桌椅	套	1	
7	圈椅	把	2	含茶几
8	行李架（柜）	个	1	

日常用品配备标准。毛巾：全棉，以白色为主，手感柔软，吸水性能好，无污渍，无破损。床单：全棉，以白色为主，布面光洁，透气性能良好，无疵点，无污渍。枕芯：松软舒适，有弹性，无异味。枕套：全棉，以白色为主，布面光洁，无疵点，无污损，规格与枕芯相配。被芯：优质被芯，柔软舒适，保暖好，无污损。被套：全棉，以白色为主，布面光洁，无疵点，无污损，规格与被芯相配。垃圾桶：无破损，材料应有阻燃性能。烟灰缸：符合正规标准，非吸烟楼层不放置烟灰缸。茶杯：陶瓷制品，形体美观，每天进行消毒处理。电热水壶：选用正规品牌产品，经常检修。饮用水：洁净，取用方便。茶叶：干燥洁净，无异味，正规包装，标准茶叶品类。咖啡、饮料：均为正规品牌产品，严格控制保质期。

卫生用品配备标准。沐浴液、洗发液、护发素、润肤露：选用正规品牌产品，包装完好。香皂：选用正规品牌产品，不易软化。牙刷：刷毛洁净、齐整；刷头、刷柄光滑，手感舒适，密封包装。牙膏：选用正规品牌产品，无渗漏、污损。漱口杯：玻璃制品，形体美观端正，每日进行清洗消毒。浴帽：洁净，无破损，帽檐松紧适宜，耐热性好，不渗水。卫生纸、面巾纸：选用正规品牌的卫生纸及面巾纸。浴帘：无污损，无霉斑。防滑垫：摩擦力大，防滑性能良好。拖鞋：穿着舒适，行走方便，具有较好的防滑性能，一客一用。洗衣粉：选用正规品牌产品，包装完好。

接待及登记服务：主动热情、礼貌待人、语言规范、表达清楚、高效服务，实行24小时值班制，按照疫情防控要求测温、查看健康码等。对来访住宿人员及公寓居住人员，需热情接待、认真受理，对提出的问题和需求提供认真耐心的解答和帮助。登记来访、住宿和公寓居住人员的基本情况，包括姓名、性别、单位、手机号、身份证号码等信息，并备存登记资料，以便提供服务和查询。根据公寓管理规定，及时办理入住手续，安排客人住宿房间、制作房卡。房间充裕时需尽量把客人安排在同楼层，关闭空闲楼层。根据公寓管理规定，客人离店时需及时办理退房手续，做好公寓物品及时回收、损坏处置、相关费用收取结算，提醒离店人员带走个人物品，无遗漏。客人退房时，通知楼层服务员进行检查，完毕后收回房卡，送别客人。建立完善的交接班制度，做好交接班记录。

楼层管理和客房服务：协助客人入住，简单介绍房内设施（热水器、空调、网络、电话等）。公寓通用钥匙由各楼层服务员负责保管。保洁公寓房间时，不得动用客人私人物品，不得坐、卧，不得翻阅文件、资料，不得吃东西、饮水，不得大声喧哗、嬉笑。每天按时巡视查房，发现设备设施破损等问题及时报修，杜绝长流水、长明灯等浪费现象。客人外出需关闭空调、电视、照明灯等用电设备。公寓房间床上用品按时更换，新客人入住时必须重新更换床上用品。保洁时需注意检查房间安全情况，发现有异味、异常声音等异常情况，需及时汇报。其他部门人员若需进房进行检查或维修工作，需由本楼层当班人员为其开门并全程陪同。雨雪天气，需在公寓大厅门口放置防滑地垫，设置安全提示牌等。夜间值班人员（宾馆招待所）需对楼层防火楼梯、走廊通道及大厅隔时巡查 3 次以上，及时处置上报火警和治安事件，做好巡查记录。

环境卫生服务基本要求：客房、公共区域需干净整洁，物品、设施完好无损，有“禁止吸烟”标识。每月定期开展 2 次公寓卫生大检查。

客房保洁。客房卫生每日保洁 1 次，按照从上到下、从里到外、先湿后干、环形整理的顺序进行保洁。客房门锁需灵活、无手印，房间号牌光亮干净，墙面和天花板无蜘蛛网、无污迹，地面无垃圾、无水渍、无污渍，垃圾桶内外干净、无异味。客房用品每日清点、保洁 1 次，需数量齐全、定位摆放；家具、电话、床每天清理、擦拭 1 次，家具干净、无灰尘，抽屉可灵活使用，电话无灰尘、可正常使用；床品无污点、无毛发，床底无垃圾，床垫每半年翻转 1 次。阳台每周打扫 1 次，窗户玻璃每月擦拭 1 次。阳台无积水、无杂物。窗户需保持洁净明亮，窗台、窗框及轨道干净完好、开关自如，窗帘干净平整、滑道顺畅。卫生间每日保洁、消毒 1 次（消毒液与水按 1∶100 的比例稀释）。地面需干净，无水渍、无污渍；面盆、浴室、五金件需明亮，无水渍、无皂痕、无手印；镜面需位置端正、清洁明亮、无手印；马桶无黄印、无污渍、无异味；换气扇表面干净，无灰尘；地漏下水通畅，无毛发、无异味。

公共区域保洁服务。清理公寓楼区域内的环境、场地及公共部位。公寓楼大厅、公共通道及部位每日全面、定时清洁 1 次。地面目视无杂物、无尘土、无水渍、无污渍；墙面干净整洁，无灰尘、无蜘蛛网、无乱贴乱画；区域内无废弃杂物、无乱堆乱放、无卫生死角、无异味；雨雪天及时清扫积水、积雪。清理楼道、楼梯及公共设备设施。楼层及其通道的防火门、消防栓柜、楼梯扶手、护栏每日保洁各 1 次，楼层垃圾桶垃圾每日清运1次；楼道和楼梯洁净，无污渍或积水，楼梯扶手、护栏无手印；电梯每日保洁2次、消毒4次，电梯门电梯内壁无手印，及时更换电梯轿厢地垫；定期清理门窗玻璃、天花板、暖气片、管道等部位的灰尘，保持门窗玻璃明净、天花板洁净无污渍，房角和设备设施无尘土和蜘蛛网等。

定时清扫公寓内的公共卫生区域，包括公共卫生间、洗浴室、开水房、洗衣房。冲洗洁具、擦拭墙壁、拖洗地面，检查卫生纸放置、垃圾杂物清理、垃圾袋更换等情况；保持地面墙面干净、瓷砖无锈渍、室内无杂物无污渍、便池无异味，金属器具无锈迹、无长流水、无堵塞、无滴漏现象。

秩序维护服务。公寓实行封闭管理，公寓管理接待处提供24小时值班管理服务。来访人员实行登记管理，并需与业主确认，晚间限时离开，未经允许，严禁留宿。公寓楼内无游商、小贩及闲杂人员。随时疏导公寓楼周边停车场内停放的车辆，保持交通畅通，并注意维护车辆过往安全。公寓内无火灾、触电等安全事故和失窃、斗殴、赌博、传播不良文化等违法行为。

安全管理服务。对住宿人员进行入住安全知识讲解宣传，使住宿人员了解公寓安全须知、掌握应急逃生路线；在可能涉及人身安全的地方设置明显标志及防范措施，安全标识齐全、醒目、完好。公寓内严禁违规使用高负荷大功率的电器、动用明火、私拉乱改电线（路）或插座，严禁随意动用消防设备设施。做好公寓综合治理，制定公寓突发事件应急预案，责任到人、制度健全，开展应急培训和演练。定期对公寓内的消防设施、公用电器进行巡视、检修，发现问题及时处理或报修，消防设施有明显的提示标志。实行24小时固定和巡逻岗保安制度，消防和监控设备及人员24小时值班，发现火警、治安事故或隐患及时处理，对可疑人员进行查询，必要时报相关部门处理。安全、消防意识强，人员设备可随时投入使用，消除火灾隐患，杜绝火灾事故。

病媒生物防治。制定并落实灭鼠、蚊、蝇、蟑螂等病媒生物防治措施，相关措施符合国家卫生相关制度和标准。定期进行“四害”检测，由专业单位进行“四害”消杀，科学评估病媒生物防设效果。

服务评价与改进。服务评价包括内部评价和外部评价。内部评价：班组负责人通过日常抽查、周期检查、现场操作等方式，对服务进行评价。外部评价：每季度开展1

次公寓服务满意度调查，采用测评问卷、微信群、上门走访等方式收集服务评价及反馈意见。

奖罚处理。受理、处理投诉并做好记录，及时向投诉者反馈处理结果，并进行回访，回访率达 100%。对受到投诉的员工根据情节轻重酌情处理。对受到表扬的员工给予适当绩效奖励。应及时分析评价过程中发现的问题，不断改进服务的内容和质量，并对整改结果进行回访。

3.3.9 办公用房服务标准

办公用房是指各直属单位机关及三级单位机关驻地范围内，为保障办公所使用的办公室、会议室、活动室等，不包含篮球馆、游泳馆、大礼堂等非办公用房，不包含四级（班站）用房，三级单位机关驻地外部的基层班站用房按照生产用房由主业单位进行管理。

办公用房及土地建立“一房一档”清册。对办公用房及土地统筹优化方案制定，协调办公用房危房风险排查、鉴定、评估。做好办公用房违建清理。水、电、网络检测、维修、线路整改，达到新入驻单位办公要求。共用办公用房区域内分单位划分水、电设计、施工、安装。

做好办公用房基础性维修。承担办公区土建、安装、防水、门窗换修等小型维修项目。做好房屋本体防雷检测、维修。做好相关土地管理工作。提供应急维修组织协调服务。

为办公用房及土地建立“一房一档”清册。采集办公用房及土地信息并进行确认核实，明确办公用房所在位置、面积、使用情况等基础信息。建立办公用房及土地“一房一档”清册，定期维护信息化数据库。定期组织清查盘点，确保台账信息准确清晰，与办公用房实际状况账实相符，与权属证书信息账证相符。做好办公用房档案管理，对归集权属、维修改造等文件资料进行归档、保存和利用。

主动服务、加强沟通，及时掌握使用单位办公用房及土地现状。发挥组织协调作用，推进办公用房及土地优化配置方案实施。定期对办公用房进行危房风险排查。委托有资质的鉴定机构对具有风险的办公用房进行鉴定和评估。协调主业单位对危房制定技术性加固或优化拆除方案，配合主业单位组织实施。

办公用房违建清理。对办公用房进行日常巡查，及时发现和制止违建行为。根据办公用房违建情况，制定清理方案。配合主业单位开展违建清理，不包含历史遗留问题和矛盾纠纷的处置。

对矿区改造提升后移交的新入驻单位办公用房水、电、网络进行监测。根据检测情况对存在问题的办公用房水、电、网络进行维修、整改，达到新入驻单位办公要求。非新入驻单位水、电、网络检测、维修、线路整改自行处置。对共用办公用房进行实地勘察，确定各单位使用区域及共用区域。协调水、电等专业化公司分区域安装计量表，根据实际计量数据，使用单位与专业化公司进行结算。

办公区域网络维护、维修、安装。对办公用房的网络定期进行维护、维修、安装，不包含局域网的日常维护，局域网由油田信息管理部门统筹、各单位信息直属单位负责。做好办公用房日常巡检，以及线路检测委托、小型维修验收。

办公用房日常性维护。办公用房服务区域内设备设施的日常性管理维护、零修、小修等工作，由物业服务承接单位负责。主要包括雨污排管道维护、给水设施维护、泵类维护、楼内供电维护、照明维护、门窗和室外场地等设施维修、办公区域防内涝工作。

办公用房基础性维修。办公用房房屋本体维修和安全隐患治理、水电气讯等系统性维修改造，由房产服务承接单位组织、房产管理维修直属单位实施。

办公用房本体维修。地基基础：结构不均匀沉降；地下室底板变形、渗漏和裂缝；散水和勒脚破损、脱空；房屋室内外地面变形、裂缝；沉降缝、伸缩缝处的挤压、开裂、错位；首层墙体裂缝；梁、柱节点区裂缝；预制构件与墙、梁相对位移。

砌体结构：结构不均匀沉降；楼板、梁挠度变形；构件钢筋、钢部件锈蚀；墙体裂缝、渗漏；楼面及屋面裂缝、渗漏；外墙砌体风化、碱蚀，局部修补，砂浆剥蚀；楼梯、平台、栏杆松动。

混凝土结构：结构不均匀沉降；混凝土露筋、裂缝、疏松、夹渣等；构件钢筋、预埋件锈蚀；承重梁、楼板、阳台板挠度变形；填充墙与承重构件的连接构造变形；墙体裂缝、渗漏；楼梯、平台、栏杆松动。

钢结构：结构不均匀沉降；承重梁、楼板、网架挠度变形；梁、柱节点连接变形、焊缝开裂、螺栓松动；梁、柱等主要承重构件失稳变形；楼面及屋面结构类型、支撑方式及锚固拉结问题；柱间支撑的完整性问题；钢部件锈蚀等；钢屋架挠曲、倾斜；屋架支撑体系的缺失、松动、脱落；墙体裂缝、渗漏；楼面及屋面渗漏；构件防火、防腐涂层空鼓、老化或失效；轻钢屋面外观、锚固问题；填充墙与承重构件的裂缝、开脱；楼梯、平台、栏杆松动。

办公区域维修包括：需破拆的卫生间（公厕）地漏、蹲便器、坐便器，以及小便池的维修、更换。需破墙动土开挖的洗手盆、墩布池、小便池下水管的维修、更换。室内穿过墙体、楼板的污排管线的维修、更换。室外雨排、污排检查井、沉淀池、污排管线等设施的维修。墙内自来水管线的维修、更换；墙内电气线路的维修、更换。入场大门、电动感应门、电子门禁系统、防水门、卷帘门、玻璃门、防盗门的维修。路缘石、室外连廊、木栈道的维修。水电气讯系统性维修。对办公用房本体及设备设施、场地等实施的改善楼体外观面貌、提升整体使用功能的维修改造，由房屋权属单位提出申请、房产服务承接单位组织、房产管理维修直属单位实施。

办公用房应急性抢修是指因不可抗力、恶劣天气等引起的应急维修，由房产服务承接单位组织，可选用房产管理维修直属单位、胜大水利工程有限责任公司、专业化服务单位、改制企业等实施。

办公用房日常性维护流程：使用单位或物业服务人员提出维修申请，物业服务承接单位内部维修审批，物业服务承接单位或委托单位施工，使用单位验收，物业服务承接单位结算费用。

基础性维修流程：由使用单位或房产服务承接单位提出维修申请，房产服务承接单位内部维修审批，房产管理维修直属单位施工，房产服务承接单位、使用单位验收，房产服务承接单位结算费用。

提升性改造流程：由权属单位提出维修申请，公共事业管理部、工程建设管理部审核批复，房产管理维修直属单位组织施工，权属单位组织验收，房产服务承接单位结算费用。

应急性抢修流程：权属单位或使用单位提出维修申请，房产服务承接单位组织施工单位施工，权属单位或使用单位验收，房产服务承接单位结算费用。

房屋本体防雷检测、维修。对办公用房防雷设施进行日常巡查，减小雷击风险。委托有资质的检测单位对办公用房进行防雷检测。对办公用房防雷设施存在的问题制定整改方案并组织实施。

相关土地管理工作。编制土地管理台账，定期维护。加强日常巡查力度，化解土地侵占、安全环保等土地管理风险。

服务管理：成立专业化服务队伍，负责办公用房服务。每月召开办公用房服务生产运行会，制订维修及服务计划，根据工作实际及使用单位要求对相关工作进行安排部署。组织开展办公用房日常巡查巡视。对服务质量进行检查，记录结果，督促整改。

人员管理：服务员工身体健康，无影响本岗位操作的疾病。劳保用品穿戴整齐，仪表整洁，精神饱满，服务主动热情。进驻管理服务区域后，针对实际情况对所有上岗人员进行岗前培训，合格后方可上岗。定期开展法律法规、专业技能、安全管理等相应的培训。

服务保障：分区域设置房产管理部，有固定的管理服务场所，对主业单位的服务要求及时响应和处置。配备的车辆、劳保用品、工具等满足办公用房管理服务的需要。对主业单位的投诉在 24 小时内答复处理。定期征询主业单位对房产管理服务的意见，对不满意事项进行分析、整改、回访，问题处理率达 95% 以上。

第 4 章

新型后勤服务管理体系考核评价

4.1 考核评价政策设计

全员牢记“以人为本、为民服务”宗旨，牢固树立主动服务、精准服务意识，真诚对待、及时回应解决服务对象的合理诉求，为员工群众办实事、解难题，服务形象立得好；全员工作纪律良好，保持规范着装、仪表端庄；举止文明、语言规范、态度热情、有问必答、不讲忌语；服务环境整洁、氛围文明和谐。

服务能力过硬。全员熟练掌握服务技能，专业技术功底扎实；满足大岗位要求，做到一人多专、一专多能；严格遵守首问负责、限时办结等规章制度。

服务方式出新。全员树立创新思维，善于创新方式方法，提高工作效率，激发工作活力，做到出手必出彩、完成必完美。

服务品牌叫得响。全员重视文化建设和品牌培育，团队凝聚力、吸引力、辐射力较强，具有较高的社会知名度和美誉度。

4.1.1 矿区物业服务

定量考核，权重为 70%，按照“矿区物业服务质量考核标准”进行考核。定性考核，权重为 30%，做优物业服务核心业务，执行油田后勤服务标准，优化完善服务方式，打造标准化操作流程、标准化服务现场。

提升服务质量。服务标准贯彻执行到位，工作作风优良，建立与主业单位常态化沟通协调机制和重点问题协商处置机制，提升问题处置效率，持续提高服务满意率。

提高服务素质。对油田构建新型后勤服务管理体系的政策精神理解、学习到位，事业心和责任感强，熟练掌握相关业务知识和操作技能，岗位操作规范。

打造服务品牌。找准管家思维定位，积极推进品质提升、品牌打造，带动服务标准提档、管理水平提级，展现新型后勤服务新形象。

加强服务监督。落实现场问题“五回归”、溯源方向准确到位、保障措施有力，实现现场管理的精细化、综合服务的优质化。

4.1.2 餐饮公寓服务

定量考核，权重为80%，按照《胜利油田后勤服务质量考核办法（试行）》（胜油工单〔2022〕77号）“矿区物业服务质量考核标准”考核。定性考核，权重为20%。

精诚为民有态度。为民服务宗旨意识牢固，“服务质量代表油田党委对一线员工群众的关心关爱程度，责任重大”的责任感、使命感强烈，主动服务、精准服务意识强，全员树立起“用心成就专业、用情赢得满意”的新理念。

精细管理有尺度。健全完善与食堂公寓服务相配套的品牌建设、标准宣贯、技能培训、监督考核等一整套完备的现代化管理体系，全面贯彻油田食堂、公寓服务标准，创新完善服务方式，设立优质服务保障窗口。

精准保障有温度。深化构建“直属单位餐厅＋区域食堂＋就餐网点”服务保障网络和功能完善、环境优美的员工公寓，发挥专业优势，为员工提供最便捷的服务，切实提升问题处置效率，持续提高服务满意率。

精干队伍有力度。完善服务流程，提升餐饮公寓管理质效，食堂公寓全面导入直属单位服务标准及“6T”（天天处理、天天整合、天天清扫、天天规范、天天检查、天天改进）管理规范，熟练掌握服务标准规范、岗位操作技能，在“支撑保障主业、服务员工生活”中站排头、争第一。

4.2 劳动竞赛考核

4.2.1 经营创效考核细则

（1）存量项目（团队）

竞赛考核结果得分＝项目回款率得分 ×35%+ 当年创效总量得分 ×30%+ 当年创效总量增长率得分 ×30%+ 油田内外部市场得分。

①项目回款率得分：超过 100% 者，竞赛得分为 100 分；低于 60% 者，竞赛得分为 60 分；60%~100% 者，竞赛得分为 60~100 分，计算公式为：项目回款率得分＝（已收资金 ÷ 应收资金）×100%×100。

②当年创效总量得分：当年创效总量最高者，竞赛得分为 100 分；当年创效总量最低者，竞赛得分为 60 分；其余当年创效总量介于最高者与最低者之间的参赛单位，竞赛得分为 60~100 分，计算公式为：当年创效总量得分 =60+40×（当年创效总量 – 当年最低创效总量）÷（当年最高创效总量 – 当年最低创效总量）。

③当年创效总量增长率得分：当年创效总量增长率最高者，竞赛得分为 100 分；当年创效总量增长率最低者，竞赛得分为 60 分；其余当年创效总量增长率介于最高者与最低者之间的参赛单位，竞赛得分为 60~100 分，计算公式为：当年创效总量增长率得分 =60+40×（当年创效总量增长率 – 当年最低创效总量增长率）÷（当年最高创效总量增长率 – 当年最低创效总量增长率）。其中，当年创效总量增长率＝（当年创效总量 – 上年创效总量）÷ 上年创效总量 ×100%。

④如果油田外部市场创效得 5 分，那么油田内部市场创效得 3 分。

（2）增量项目（团队）

竞赛考核结果得分＝项目回款率得分 ×35%+ 当年创效总量得分 ×30%+ 当年人均创效得分 ×30%+ 油田内外部市场得分。

①项目回款率得分＝（已收资金 ÷ 应收资金）×100%×100。其中，项目回款率超过 100% 者，竞赛得分为 100 分；项目回款率低于 60% 者，竞赛得分为 60 分；项目回款率在 60%~100% 者，竞赛得分为 60~100 分。

②当年创效总量得分：当年创效总量最高者，竞赛得分为 100 分；当年创效总量

最低者，竞赛得分为 60 分；其余当年创效总量介于最高者与最低者之间的参赛单位，竞赛得分为 60~100 分，计算公式为：当年创效总量得分 =60+40×（当年创效总量 – 当年最低创效总量）÷（当年最高创效总量 – 当年最低创效总量）。

③当年人均创效得分：当年人均创效最高者，竞赛得分为 100 分；当年人均创效最低者，竞赛得分为 60 分；其余当年人均创效介于最高者与最低者之间的参赛单位，竞赛得分为 60~100 分，计算公式为：当年人均创效得分 =60+40×（当年人均创效 – 当年最低人均创效）÷（当年最高人均创效 – 当年最低人均创效）。其中，当年人均创效 = 当年创效总量 ÷ 人数。

④如果油田外部市场创效得 5 分，那么油田内部市场创效得 3 分。

4.2.2 工程创优考核细则

工程创优劳动竞赛考核得分 = 工程建设业务主管部门政策文件宣贯得分 ×10%+ 工程工期得分 ×10%+ 现场各项管理得分 ×60%+ 工程竣工验收得分 ×10%+ 工程结算得分 ×10%。

工程建设业务主管部门政策文件宣贯：上级工程建设业务主管部门在文件下发三天内做好文件精神的政策解读和宣贯，在现场检查中各级业务管理人员能够理解掌握上级文件精神的主要内容。

工程工期完成情况：在工程前期制订工期实施计划，每月对比工期实施计划执行情况，按照《胜利油田地面工程建设工期定额》和合同工期进行考核。

现场各项管理：现场安全文明施工，QHSE 各项管理工作，各类人员、机械管理工作，以及现场各项施工资料完成情况，按照《矿区资产资源优化改造提升片区工作组考核实施细则》进行考核。

工程竣工验收完成情况：及时对现场实体质量、各类文件资料进行验收，出现的问题及时整改，按照《建筑地面工程施工质量验收规范》进行考核。

工程结算情况：在规定的时间内完成结算资料，各项资料准确性、完整性符合油田结算规定，按照《胜利油田地面建设工程造价管理办法》《矿区资产资源优化和改造提升项目结算办法》进行考核。

否决项：工程项目发生安全质量事故、禁止类违章行为、重大质量问题、转包、违规分包等违规违纪问题予以一票否决。

4.3 绩效考核办法

4.3.1 绩效考核指导意见

应充分发挥绩效考核激励作用，进一步突出价值引领和效益导向，健全“经营绩效＋管理绩效＋党建质量”考核引领机制，并配套完善“1+2+2”绩效考核体系，即1个绩效考核办法，经营业绩和管理绩效2个考核细则，人力资源和存量资产优化配置2个实施细则。经营业绩考核是各基层单位、机关部门（以下统称各单位）通过采取生产经营及增收增效、降本增效、人力资源优化、存量资产优化等措施取得的经营业绩，与预算基本目标对比，完成基本目标保基本薪酬、多创效益挣绩效工资。管理绩效考核主要对风险管控责任进行考核，主要包括对生产过程风险管控责任、经营管理风险管控责任、领导班子建设和领导干部管理风险管控责任、可持续发展和基础管理风险管控责任的考核。党建质量考核是对直属单位各单位党建工作的全面考核，具体按照直属单位党建工作考核办法执行。人力资源优化是指为激发人力资源创新创效活力，提高人力资源利用效率而采取的系列优化措施。存量资产优化是指为优化盘活直属单位存量资产，提高资产利用效率，充分挖掘资产使用效益而采取的系列优化措施。设置KPI（Key Performance Indicator，关键绩效指标），作为各部门主要考核指标。绩效考核的范围包括直属单位所属各单位、基层管理人员（含主管及以上专业技术人员）。

（1）绩效考核组织机构与管理职责

直属单位成立绩效考核领导小组，组长由直属单位主要领导担任，班子其他成员担任副组长，成员为相关部门负责人。领导小组下设考核办公室和5个专业考核组，考核办公室设在经营管理部，考核办公室成员为相关部门人员。党群工作部负责直属单位考核监督工作。直属单位绩效考核领导小组主要职责：审定绩效考核办法，审定绩效考核指标和考核方案，研究部署绩效考核重要工作。考核办公室主要职责：研究提出直属单位绩效考核办法，建立考核指标体系；组织各专业考核组开展考核工作；

按时编制月度绩效考核方案及考核公报，报直属单位领导办公会审批后下发；监督和督导考核政策的执行，总结、交流和推广绩效考核典型经验和做法，指导各服务部按照油田及直属单位绩效考核要求制定向班组及岗位纵向到底的绩效考核办法。专业考核组主要职责如下。

经营业绩考核组：由经营管理部门牵头，负责各单位经营业绩指标的考核。党建质量考核组：由人力资源部门牵头，负责各单位领导干部决策制度、议事规则、党风廉政建设、信访稳定、综合治理、企业形象维护、一岗双责、遵纪守法等工作的考核。三基规范考核组：由经营管理部门牵头，负责各单位可持续发展、基础管理、三基规范建设、承载服务基层等工作的考核。风险管控考核组：由党群工作和经营管理部门牵头，负责各单位纪检监察、审计、内控管理、财务稽核、合同管理、法律事务等工作的考核。由安全（QHSE）管理部牵头，负责各单位安全、环保、质量、节能等工作的考核。服务质量考核组：由业务部门牵头，其中市场运行部负责餐饮、公寓的服务质量考核。维保服务部负责房产、物业、供热（冷）的服务质量考核。

（2）考核内容及方式

考核内容主要包括经营业绩、党建质量、三基规范建设、风险管控和服务质量。其中，经营业绩占比为60%，其余四项占比为40%。经营业绩指标实行月度阶段滚动考核。考虑生产经营季节性、不可预见性等因素的影响，实行以丰补歉或预借政策，确保绩效考核相对平稳运行。年末按照实际完成的经营业绩进行全年考核。党建质量考核采取月度考核、季度兑现和年度考核相结合的方式进行。三基规范建设考核采取月度考核、季度兑现和年度考核相结合的方式进行。风险管控考核采取月度考核、季度兑现和年度考核相结合的方式进行；对安全管理风险和经营管理风险管控、可持续发展和基础管理风险管控责任进行综合考评。服务质量考核采取月度考核、季度兑现和年度考核相结合的方式进行。对各单位经营管理者的考核主要包括经营绩效、管理绩效及党建质量，实行月度部分预支、年度考核。出现重大事故、重大失误及其他严重后果事件，按油田、直属单位相关处理规定扣减预支的绩效工资。对机关各部门及其负责人的经营绩效考核与直属单位经营业绩挂钩，同时对业务管理责任、经费使用管控进行连带考核。基层管理人员（含主管及以上专业技术人员）经营绩效考核：副总师、专家，按直属单位职工绩效工资平均水平的3.6倍考核。基层管理正职、高级主管主持部门（单位）工作的，按本部门（单位）职工绩效工资平均水平的3倍考核；其他高级主管及相应专业技术人员，按本部门（单位）职工绩效工资平均水平的2.7倍考核。基层管理副职，按本部门（单位）职工绩效工资平均水平的2.4倍考核；主管及相应专业技术人员，按本部门（单位）职工绩效工资平均水平的2.2倍考核。

（3）考核评价要求

经营绩效考核：各单位以账面实际完成数（含暂估）进行考核，超额完成部分按50%进行绩效工资核拨，未完成部分按100%从绩效工资中扣减。具体办法详见直属单位经营业绩考核细则。外闯项目收入奖励：外闯项目收入是指利用技术和资源优势在本单位以外所取得的劳务、技术服务收入，主要包括在“新项目”“新业务”“新市场”取得的收入，以及原有外部市场的增量收入。在油田内部、外部市场承揽业务，分别按当期已结算并回收款的3%、5%作为绩效工资。人力资源和存量资产优化配置考核：对各单位人力资源和存量资产优化配置的考核，严格按照直属单位制定的人力资源和存量资产优化配置实施细则。管理绩效考核：月度考核主要是业务部门根据考核内容及方式按照相关考核细则和标准执行。年度考核主要是对基层单位考核，按照经营业绩、生产过程风险管控、经营管理风险管控、领导班子建设和领导干部管理、可持续发展和基础管理风险、服务质量六项内容分别组织考核，综合排出基层单位考核名次，直属单位综合运用考核结果，对考核结果排名前三的基层单位班子按照不同档次依次进行奖励，其他人员按照当期绩效工资的5%、3%、1%依次进行奖励，其他基层单位不奖不罚。对机关部门考核，按照油田年度相关业务考核结果对牵头部门进行奖励或扣罚。

（4）考核流程

月度考核主要实行月度绩效申请，各考核单元根据当月经营业绩完成情况、党建质量考核结果、风险管控考核结果等向直属单位申请核拨绩效工资。直属单位绩效考核领导小组可充分考虑工作量实际及生产经营季节性影响等因素，确定核拨绩效工资，实行月度滚动累计、年度总兑现。直属单位采用考核单元申请绩效和直属单位总体考核调控相结合的方式核拨考核单元绩效工资。每月10日前，各考核单元提交月度绩效考核申报表，各考核组分别提交阶段性考核结果。考核办公室汇编月度绩效考核方案，并报直属单位绩效考核领导小组同意后，核拨各考核单元月度绩效工资。年度考核主要是各考核组根据1~11月工作实际，预测年度考核指标完成情况，做好年度考核工作，于12月6日前将考核结果报考核办公室，考核办公室提出年度考核兑现方案，报直属单位绩效考核领导小组审定后执行。12月发生的风险管控责任问题，于次年1月考核时予以绩效扣减。

4.3.2 经营业绩考核

突出价值引领和效益导向，对单位（部门）的整体经营成果，按照客观、公正的原则予以考核评价，建立规范有效的激励约束机制，提高直属单位整体经济效益。直属单位经营业绩考核与员工绩效工资完全挂钩，以年度下达各单位（部门）经营目标为基础，对阶段目标完成情况进行考核，完成基本目标保基本薪酬、多创效益挣绩效工资。各单位（部门）要强化月度预算运行管理，建立“以月保季、以季保年”的预算动态管控机制，逐级落实经营目标责任。

职责分工。经营业绩考核由经营业绩考核组组织实施，由经营管理部牵头，负责制定经营预算政策，负责直属单位各单位经营业绩指标的考核，并按时将考核结果报考核办公室。人力资源部门负责对各单位人力资源优化配置情况予以确认，根据人员名册，对符合人力资源优化配置政策激励条件的人员情况，每月向考核办公室提报考核意见。经营管理部门负责对各单位存量资产优化配置予以确认，并提出考核意见，对各单位外部市场收入、外委费用降低奖励等情况予以确认，同时对各单位经营业绩考核结果予以兑现。

考核内容。①收入指标考核。对内部市场收入，根据实际工作量参照市场定额价格模拟考核。对外部市场收入，按照已结算并回收款考核。对其他收入，按照各单位实际账面结算收入考核。②支出指标考核。各单位将全成本费用支出项目据实结算，以财务账面实际发生（含暂估）为基础，剔除预算政策的调整等因素后进行考核。对直属单位预算委员会单独下达的预算调整项目，要有效发挥资金使用效益，对实施效果和资金预算同步考核。③利润指标考核。各单位以账面实际完成数（含暂估）进行考核。

经营业绩考核以直属单位下达的各单位年度经营目标为基础，强化月度预算动态管控，根据经营业绩累计完成情况，按月度滚动考核。对于各单位外部市场业务创收，以及利用技术和资源优势取得的劳务、技术服务收入（主要包括在“新项目”“新业务”取得的收入及原有外部市场增量收入），直属单位按油田外部市场奖励兑现绩效工资。对各单位产生的短期离岗、内部退养和提前退休人员，符合油田人力资源优化配置考核激励政策条件的，油田承担离岗退出人员的人工成本，考核视同成本节约额。存量资产优化配置考核由经营管理部按照直属单位存量资产优化配置实施细则进行确认，纳入各单位的利润完成指标进行考核。新投入的所有设备（大规模扩建改造等特殊情况除外），折旧费由服务部自行承担。经营性设备，第二年收取 8% 的利润。经营管理部按照《关于加强油田外委费用管理的通知》（胜油企工单〔2022〕5 号）要求，对各单位外委费用同比降低情况进行专项考核，充分调动各单位增自营、降外委的积极性和主动性。

4.3.3 生产过程风险管控责任考核

直属单位生产过程风险管控责任考核，坚持突出重点、简约高效、过渡平稳、激励与约束并重的原则。采取月度检查、月度及年度考评奖罚的方式进行考核。安全环保质量节能考核采用千分制，考核指标分为结果性指标和过程性指标。结果性指标突出 QHSE 事故的一票否决，过程性指标突出违章违规行为的从严考核，依据考核结果评选出先进单位、达标单位、不达标单位。

生产过程风险管控责任考核单元分为基层服务部和专业委员会两部分，按照 QHSE 管理业务范围和风险大小，给基层服务部考核赋予不同考核系数。

职责分工。直属单位安全生产（QHSE）委员会办公室牵头组织开展生产过程风险管控责任考核。安全（QHSE）管理部负责结果性指标考核和过程性指标考核。对上级部门、直属单位安全生产（QHSE）委员会查出的问题，以及员工举报的问题进行性质和责任认定，提出考核意见。直属单位各安全生产（QHSE）专业委员会参与过程性指标考核，负责对本专业委员会查出的 QHSE 问题或违章行为进行性质和责任认定，提出考核意见。每月 26 日前将在专业监督检查中发现的 QHSE 问题报送至安全生产

（QHSE）委员会办公室。

QHSE 考核指标。基层服务部考核 QHSE 过程性指标包括 QHSE 组织制度建设、QHSE 培训、风险与隐患管理、QHSE 检查与诊断、直接作业、职业健康、应急管理、污染防治、计量管理、标准化良好行为建设、质量及 QC 小组管理、设备管理、非生产用燃气管理、消防管理、QHSE 活动、节能管理、现场管理和其他工作共 18 项。QHSE 结果性指标包括集团公司级或备案级 QHSE 事故、其他 QHSE 事故 2 项。

考核奖罚。月度考核：QHSE 月度考核基准分为 1000 分，其中结果性指标基准分为 400 分，过程性指标基准分为 600 分。结果性指标考核：直属单位安全生产（QHSE）委员会办公室依据《QHSE 结果性指标评价表》（附件 5.2）进行考核。过程性指标考核：安全（QHSE）管理部、各安全生产（QHSE）专业委员会依据《QHSE 过程性指标评价表》（附件 5.3）定期组织检查或诊断，每月末将本月查出问题及考核意见报直属单位安全生产（QHSE）委员会办公室。月度考核，依据考核得分情况确定先进单位、达标单位、不达标单位。月度量化得分 930 分及以上的，为月度达标单位。月度量化得分 930 分以下的，为月度不达标单位。月度先进单位从月度达标单位中按照 30% 的比例确定（按照 30% 的比例确定单位个数为小数时，按照四舍五入计算）。综合当月得分情况，经直属单位安全生产（QHSE）委员会研究决定。

月度考核扣罚。直属单位对月度检查通报的隐患问题按照集团公司、油田及直属单位相关规章制度、管理规定进行扣分考核。对直属单位检查出的突出典型性、重复性问题，每条扣罚 300~500 元；对上级部门检查及通报出的问题，视问题性质严重情况，每条扣罚 500~1000 元；被直属单位及油田定性的 QHSE 事件（事故），视严重情况，经直属单位安全生产（QHSE）委员会研究决定，每件扣罚 3000~10000 元。月度考核不达标单位按在册员工数量人均 100 元扣罚。

月度考核奖励。依据月度先进单位得分排名，排名第一的单位按在册员工数量人均 100 元奖励，排名第二的单位按在册员工数量人均 80 元奖励，其他先进单位按在册员工数量人均 50 元奖励。各单位依据本单位安全绩效考核办法，对包括管理人员、安全员、各班站在内的个人及班组进行考核分配。被选为油田级优秀诊断建议、溯源分析的，奖励 500 元，被选为直属单位级的，奖励 200 元；被选为直属单位级安全培训优秀课件的，奖励300元；在油田安全环保质量管理部、公共事业管理部网页发稿的，奖励300元；在油田级及以上报刊发表QHSE管理稿件、文章的，奖励500元；被确定为直属单位级QHSE工作示范样板的，奖励300元。

专业委员会考核。专业委员会考核实行季度考核，依据各专业委员会月度、季度会议、监督工作总结及履职综合考核评分，给予季度考评排名第一的专业委员会人均1000元奖励。

年度考核。直属单位获得油田级及以上QHSE工作先进奖励，经安全生产（QHSE）委员会研究，视月度考核情况对各专业委员会、单位进行相应奖励。

4.3.4 党建工作考核

为贯彻落实全面从严治党要求，督促引导基层党支部履行主体责任，落实“抓班子、带队伍、强管理、保稳定、促发展”五项任务，着力夯基础、补短板、强弱项，不断夯实基层党建工作基础，充分发挥先锋模范作用和党支部战斗堡垒作用，为机关管理服务中心（以下简称“中心”）专业化、高质量发展提供坚强保证。党建工作考核以中心各基层单位党支部为考核对象，每年综合开展1次。

党建工作考核原则上要求聚焦中心工作。把“抓班子、带队伍、强管理、保稳定、促发展”作为党建工作考核的出发点和落脚点，以改革发展成果检验党支部的工作和战斗力。突出考核重点，把党的政治建设摆在首位，突出对落实油田党委和中心党委重要部署、完成党建工作重点任务等方面的考核。注重务实管用，坚持定量为主、结果导向，综合运用日常考核和现场测评结果，着力提高考核的操作性、实效性，推动基层党支部把功夫下在平时，把工作抓到实处。

组织管理与职责。党建工作考核在中心党委领导下进行，成立由直属单位领导担任组长、相关业务负责人为成员的党建工作考核领导小组，负责组织实施考核工作。考核领导小组办公室设在人力资源部门，负责考核的具体协调及运行。

考核内容。党建工作考核评价内容设置“抓班子、带队伍、强管理、保稳定、促发展”5个类别。抓班子：从思想政治建设、党建责任落实、整体效能发挥等方面进行评价。带队伍：从思想文化引领、组织力提升、纪律作风建设等方面进行评价。强管理：从基础管理、QHSE 管理、防范化解经营风险等方面进行评价。保稳定：从关心关爱员工群众、研判化解各类矛盾、营造和谐平安环境等方面进行评价。促发展：从推进深化改革、强化创新驱动、提升经营质效等方面进行评价。每年对考核评价标准进行动态调整。

考核实施。党建工作考核步骤主要包括述职测评、现场考评、日常考评、综合评定。述职测评：个人述职。基层单位党支部书记、生产经营正职，分别就履行党建工作职责情况进行现场述职，述职时间控制在 10 分钟以内。党支部书记述职内容主要包括：履行党建工作第一责任人职责，针对本单位党建工作的突出问题，经过研究提出的思路、措施、办法，以及取得的变化和成绩；对照全面从严治党要求和中心党委的工作部署，查找工作中存在的问题和不足，分析深层次原因；突出问题导向，提出下一步工作思路和整改措施。生产经营正职述职内容主要包括：履行党建工作重要领导责任，推动党支部参与重大问题决策，推动党建工作责任落实情况；发挥党建工作思想引领和组织保障作用，促进生产经营任务完成情况；对照全面从严治党要求和中心党委的工作部署，查找工作中存在的问题和不足，分析深层次原因；突出问题导向，提出下一步工作思路和整改措施。

述职测评会参加人员范围：基层单位班子成员、基层班组负责人、普通党员和职工群众代表（占与会总人数的 50% 左右）。述职结果评定：在参会人员评议的基础上，综合分管领导、党群部门负责人评议情况，按照“好、较好、一般、差”4 个档次，确定最终述职评定结果。“好”和“较好”票达到 95% 以上，且“好”票达到 80% 以上的，综合评定为“好”；“好”和“较好”票达到 85%~95% 的，综合评定为“较好”；“好”和“较好”票达到 75%~85% 的，综合评定为“一般”；“好”和“较好”票达不到 75% 或“差”票达到 20% 及以上的，综合评定为“差”。述职评议得分按 10% 折算分值纳入单位年度党建工作考核。评议得分 =“好”得票率 ×100+“较好”得票率 ×80+“一般”得票率 ×60+“差”得票率 ×0。

现场考评。通过与基层党支部班子成员、基层班组负责人、党务政工人员、普通党员和职工群众代表座谈，查看党支部工作记录、党员学习记录、实地检查等，考评其落实油田党委、中心党委决策部署情况和党建工作成效，验证党建工作落实落地情况。

日常考评。协调中心机关相关部门，梳理日常考核测评等情况，纳入党建工作考核。

综合评定。根据述职测评、现场考评、日常考评情况，确定考核得分，提出综合评定初步意见，报中心党委审定。考核评价结果划分为A（先进）、B（良好）、C（一般）、D（较差）四档。

考核结果应用。党建工作考核结果纳入各基层单位及领导班子月度、季度、年度绩效考核，并予以书面反馈，督促各单位抓好问题整改。对考核结果为C档和D档的单位，采取专项督导、跟踪整改等措施，指导其提升党建工作水平。党建工作考核结果同时作为党支部分类定级结果。

4.4 新型目标经营责任制操作指引

为深入践行油田“六大战略”，加快实现“三大目标”，推动经营业务高质量发展，新型后勤服务管理等经营业务单位试点推行新型目标经营责任制。总体思路以深化国企改革三年行动计划为指导，以构建新型目标经营责任制为载体，以严考核、强激励为保障，突出价值创造、效益导向，遵循市场规律、契约精神，引导目标同向、团结协力，统筹发展与安全、效益与质量、效率与公平、效能与绩效，破除制约资源要素自主流动、协同配置的体制机制障碍，发挥基层单元试点的牵引作用，推动经营业务单位整体经营质态显著提升，为油田市场化体系建设探索新路径，为其高质量发展提供新动能。

4.4.1 实施基本原则

坚持价值引领、尊重契约：把提升价值创造能力作为试点工作的出发点和落脚点，着力解决影响价值创造的突出问题，将推动系统优化、效率提升、效益提高、效能增长融入全过程；以经营目标责任协议为核心，签约双方严格履行协议明确的权利和义务，坚持依法依规、按约办事，确保试点工作行之有序、行之有效。坚持上下联动、统筹推进：在直属单位层面做好顶层设计，制定操作指引，明确试点原则和操作规范；直属单位结合不同业务特点设计差异化方案，强化推进统筹，尊重基层首创精神，鼓励符合条件的基层业务单元先行先试、大胆探索，及时总结提升实践经验，形成可复制、易推广的工作模式。坚持党建引领、守住底线：注重发挥直属单位党组织把关定向作用，把握“放活”与“管好”的关系，科学把握节奏，以安全可控为前提，坚持稳中求进，确保试点工作不走弯、不走偏；发挥基层党组织战斗堡垒和党员先锋模范作用，保障员工合法权益，团结带领员工群众干事创业，营造心往一处想、劲往一处使、全员谋发展的良好氛围。

新型目标经营责任制试点在具备以下条件的业务单元可纳入试点范围：具有良好的业务发展基础和完备的生产经营条件，通过实施新型目标经营责任制试点，激发业务单元干部员工的干事创业激情与活力，具有一定的业务成长空间。近几年经营状况清晰，具备自主经营所必需的独立核算条件，能够科学评估经营绩效基本目标。具有一定的示范效应，能够对其他业务单元经营模式创新提供借鉴和参考。

4.4.2 实施步骤与程序

主要是由直属单位在调研摸排、专题研讨、党委决策等程序的基础上，研究确定本单位试点对象，针对不同对象制定相应实施方案并报油田审批后组织实施。

竞争选聘经营负责人。直属单位根据实施方案制定《经营负责人竞聘工作办法》（以下简称《办法》），《办法》应明确候选人的资格条件、竞聘程序、绩效基本目标等事项。《办法》应在一定范围内公开，公开后应严格执行，一般不得中途更改。在油田范围内组织竞聘的，《办法》须事先经油田党委组织（人力管理）部门批准。直属单位应对报名人员进行审查。审查应依据《办法》进行，主要审查报名人员是否符合规定的资格条件。可采取民主测评的方式，评价候选人是否具有必要的管理能力和基本素质。民主测评应在其所在部门或基层单位进行。竞聘候选人确定后，直属单位可采取召开竞聘答辩会等方式开展竞聘工作。候选人需阐述竞聘理由、经营设想和绩效承诺，其绩效承诺应不低于竞聘方案公布的基本目标。当选人的绩效承诺将作为经营目标责任协议中的核心条款之一。开展试点的业务单元设党支部或党小组的，经营负责人为党员的，可兼任党支部书记或党小组长；经营负责人为非党员的，由上级党组织选派一名政治素质高、协调能力强的党员，作为经营团队成员，担任党支部书记或党小组长。

经营负责人自主组建经营团队。经营负责人有权组建经营团队。按照“先内后外”的原则，负责人在业务单元、直属单位内自主选择团队成员，团队结构由负责人决定。经营负责人物色的团队成员，应报直属单位党委审查、备案。经营负责人等经营团队全体成员的聘任均不涉及职级和身份的调整变动，基本薪酬保留原标准。

经营负责人自主选择员工队伍。经营负责人自主制定劳动组织及人员使用方案。为防范法律、安全等风险，劳动组织及人员使用方案应报直属单位审核。劳动组织及人员使用方案经审核同意后，经营负责人依据方案优先在现有队伍中选择员工。员工的选择本着“双向自愿”的原则，当选员工基本薪酬保留原标准，未当选员工由直属单位按照油田人力资源政策对其妥善安置。按照“不求所有、但求所用”的原则，经营负责人可面向油田内外，市场化柔性引进技术、营销、管理等经营急需人才。柔性引进人才应向直属单位报备。

签订聘任协议和经营目标责任协议。直属单位与经营负责人签订聘任协议和经营目标责任协议，经营负责人与经营团队其他成员签订聘任协议。聘任协议应包括但不限于以下内容：聘期、职责权限、行为规范、离职或解聘条件等。经营目标责任协议应包括但不限于以下内容：经营目标任务（聘期及分年度，聘期一般为三年）、双方的权利与义务、考核兑现方法等。

4.4.3 目标权限与激励约束

科学设定经营目标。绩效目标的核心指标为经营利润。竞聘方案中公布的利润目标要科学合理，原则上应包括聘期目标和年度目标，目标测算可参考上一年度或者前三个年度该业务单元利润平均值并考虑一定的成长增量。候选人作出的承诺利润要符合实际，具有可操作性。充分赋予自主经营权限：在直属单位拥有的权限范围内，最大限度授予经营单元经营决策、内部分配等经营自主权，授予的各项权限应在《办法》中公开并在经营目标责任协议中明确。凡协议明确的权限，直属单位应予以充分保障和支持。合理制定考核奖惩政策：遵循油田“1+2+2”绩效考核体系框架，贯彻“完成基本目标保基本薪酬、多创效益挣绩效工资”的原则，在经营团队成员、员工基本薪酬保持不变的前提下，从经营、管理、党建质量三个方面进行考核。管理绩效和党建质量考核绩效按照油田有关要求执行；经营绩效分为基础绩效和经营奖惩，基础绩效参照试点前该业务单元上一年度绩效总额测算，经营奖惩参照以下办法执行。

经营奖惩。完成经营目标责任协议约定的利润目标、取得超额利润的，按不低于超额利润的30%由直属单位给予经营超额奖励。允许直属单位对试点单元实行以丰补歉政策，具体由经营目标责任协议明确。完不成经营目标责任协议约定的利润目标的，直属单位按所欠利润同比例扣减试点单元基础绩效。年度利润达不到试点前水平的，直属单位应组织开展经营盈亏分析工作，查摆剖析问题原因，准确评价经营成果。除确属非可控因素导致亏损的，直属单位应采取必要措施及时纠偏并加以止损。经营负责人有权对试点单元的基础绩效和超额奖励进行自主分配。试点单元的自主分配应体现经营团队与员工“共创共享”的原则，实行挂钩联动。同时，考核结果主要与经营团队的绩效考核关联，经营团队成员平均绩效应与试点单元利润规模、员工平均绩效相适配，员工绩效平均所得原则上不低于试点前平均水平的80%。试点单元通过人力资源优化、降低人工成本形成的效益增量，在考核兑现确认试点单元实际利润时，按照最高50%的比例核定。经营期满后，直属单位可对经营期经营成果进行总兑现。

新型目标经营责任制组织实施、试点推进需要强化全过程约束监管。经营目标责任协议至少应明确以下事项：直属单位有对经营单元经营活动和队伍建设的监督监管的权利且不得“以包代管”，经营单元有主动接受直属单位约束监管的义务；经营单元的QHSE、党建等基础管理工作应遵守油田统一管理制度；直属单位有权对试点单元开展经营活动审计，聘期满后进行经营责任审计。

经营退出机制。若试点单元发生重大安全环保质量、法律纠纷和综治稳定事件，出现较大经营亏损，企业声誉形象遭受较大损失，其他可能对企业持续经营带来严重风险，以及经营团队成员存在违反廉洁从业行为、违纪违法问题等严重情形时，直属单位有权采取包括终止经营目标责任协议在内的一切必要措施，取消经营负责人经营资格或重组经营团队，并按油田有关规定对责任人进行处理和安置。

第 5 章

新型后勤服务管理人才队伍

新型后勤服务管理体系构建转型升级，关键取决于人的素质能力。要想后勤服务业务发展得好，新型人才培养节奏就要加快。当前，油田后勤系统的人才队伍总体较好，但知识结构、年龄结构不合理的矛盾日益突出，特别是经营管理型领军人才、高层次专业技术人才比较缺乏，后备人才储备不足。新型后勤服务管理体系人员要坚持不懈用党的创新理论凝心铸魂，坚定理想信念，树立正确的权力观、政绩观、事业观，严守廉洁底线，不断提升政治判断力、政治领悟力、政治执行力；要磨炼意志、增强本领，拿出勤奋学习的钻劲、攻坚克难的闯劲，终身学习、持续学习，在学中干、在干中学，勇于打破思维定式、路径依赖，练就干事创业的“钢筋铁骨”，成长为懂业务、会管理、善经营的复合型人才；要不断提升打造优质服务平台的能力、推动油地融合发展的能力、持续改善经营绩效的能力、推动数智化产业升级的能力，展现不一般的担当作为，勇当助推后勤系统做强做优的先锋和闯将，着力推动新型后勤服务管理体系朝更加完善、更加成熟的方向发展，加快把后勤系统高质量发展蓝图细化为施工图、转化为实景画的步伐。

5.1 人才成长通道

深入贯彻落实油田关于完善人才成长通道建设部署要求，坚持党管人才原则，牢固树立“人才是第一资源”理念，紧紧围绕油田“六大战略”“三大目标”“两个三年、两个十年”战略部署，深化推进油田新型后勤服务管理人才强企战略落地，满足油地融合协调平台、后勤服务管理平台、关心关爱员工服务平台建设需要，健全纵向贯通、横向畅通的职位层级体系，完善人才选用、培养、评价、激励配套机制，畅通人才成长通道，推动优秀人才快速成长，努力打造数量充足、结构合理、充满活力的高素质专业化人才队伍，为油田后勤服务管理全面可持续发展提供有力的组织保障和人才支撑。

5.1.1 健全人才成长通道体系

健全三支人才队伍序列，规范职位设置，理顺层级关系，严格选聘管理，明确晋升、贯通和兼聘规范，构建纵向贯通、横向畅通的三支人才队伍成长通道体系。拓展专业技术人才成长通道。紧扣油田后勤主要业务和主体专业，充实扩展技术子序列，完善与生产经营、改革发展紧密相关重点领域专业人才成长通道，加快培养造就各类专业技术人才。改进高层次人才管理办法，优化人才选拔聘任、业绩考核、激励管理等配套办法，选好用好人才，激发人才活力，促进人才作用发挥。

完善人才成长通道体系，进一步厘清三支人才队伍序列归类，形成管理、专业技术、技能操作三类职位序列。管理序列由基层管理人员及以上管理职务构成，专业技术序列由技术子序列和专业子序列构成。技能操作序列：责任师、主办、高级工及以下层级员工先按实际岗位管理，加强轮岗锻炼和复合培养，根据工作需要和员工能力特点，选择晋升油田首席技师、技能大师，以及直属单位首席技师、主任技师、责任技师、高级工、中级工、初级工等。

5.1.2 专业技术人才通道

责任师（主办）及以下专业技术人才成长通道职位设置。基层单位的综合管理室、经营优化室、生产运行室可设置主办、助理员、业务员等专业技术职位（专业子序列），从事研发、基层班站的可设置责任师、专业技术一级师、专业技术二级师、专业技术三级师等专业技术职位（技术子序列）。直属单位的机关部门设置主办专业技术职位。责任师（主办）及以下专业技术职位数要根据工作需要、专业技术含量、人才队伍结构由各单位合理确定，对各单位责任师（主办）、专业技术一级师（助理员）职位设置数量进行宏观管理，确保各职位层级聘任人员与工作实际相符，保持专业技术人才成长通道纵向贯通、横向畅通，激励专业技术人才担当作为，营造干事创业氛围。

责任师（主办）及以下专业技术人才成长通道职位任职条件。基本任职条件：热爱石油石化和后勤保障事业，热爱本职工作，遵纪守法，具有较强的敬业精神和良好的职业道德；注重学习和传帮带，业务水平较高，具有较强的开拓创新能力，能够创造性地解决生产经营中的难题，业绩比较突出；具有扎实的专业理论知识和较强的业务能力，专业工作经验比较丰富；近 3 年年度考核结论为“B 档”及以上。职位任职条件：责任师（主办）一般应具有大专及以上文化程度，中级及以上专业技术职务任职资格，同时需具备下列条件之一：

①参加过直属单位级或以上课题研究，近 3 年获得过直属单位级或以上成果奖励。

②近 3 年获得过直属单位级及以上文明建设先进个人、优秀共产党员荣誉称号。

③近 3 年年度考核中，考核结果中有一个“A 档”。

专业技术一级师（助理员）一般应具有中专及以上文化程度。专业技术二级师、三级师（业务员）一般应具有高中及以上文化程度。统招的全日制大学本科生和硕士研究生按油田有关制度执行。

职位选聘程序：①制定方案。由基层党支部根据工作需要和专业技术人才队伍建设实际制定选聘方案。主要内容包括选聘的职位、条件、范围、方式、程序等。选聘方案经基层党支部讨论决定，报人力资源部门审核通过后实施。②述职测评。召开述职测评会，参加人员一般为基层管理及相应专业技术人员、选聘人员所在室（班站）工作人员。述职完毕后，进行民主测评，民主测评信任率低于 80%的，取消选聘资格。③研究确定拟聘任人选。各基层党支部召开支委会，结合民主测评结果，综合考虑考核评价、一贯表现、人岗相适等情况，确定拟聘任人选。④任前公示。对拟聘任人选在一定范围内进行公示，公示时间为 5 个工作日。公示期间无异议或反映的问题经调查核实不影响聘任的，给予报备。⑤备案批复。基层党支部于 10 日内向人力资源部门提请备案，聘任时间以批复时间为准。

聘期管理及考核。专业技术职位聘期一般为 3 年。专业技术职位人员实行年度考核和聘期考核，考核结果分为A、B、C、D四档，原则上A档不超过20%，C档和D档控制在10%左右。有下列情形的，不予晋升：考核周期内，年度考核结果为C档及以下档次的；按照《中国石化全员安全记分管理办法（试行）》有关要求，考核周期内，出现1年累计记分满3分的；发生工作失职行为，使本单位整体利益受到损害，造成经济损失并受到处分的；发生越级上访或在公开场合及媒体发表不当言论，造成较坏影响的；品行不正、行为不端，违反社会公德、家庭美德，群众反映强烈的；出现学术不端，发生剽窃、造假等情况，造成恶劣影响的；其他影响晋升情形的。

5.2 管理技术人员素质能力

5.2.1 打造优质服务平台的能力

油田后勤服务的主责就是支撑主业、保障一线、服务群众，我们要牢固树立“员工群众的事就是最大的事”的理念，始终把员工群众的利益摆在第一位，建设好油田服务平台，持续提升服务品质，助力推动油田高质量发展。员工服务要在做实83项基本服务的基础上，合理加大网点建设力度，不断提升“一窗受理”能力，持续加强信息化建设，加强日常监督考核，在健全服务机制上用心，在完善服务细节上用情，在改善服务环境上用力，努力把服务大厅建设成为员工群众心中的新地标。物业服务要在规范基础服务的基础上，统筹社会服务资源力量，分区域打造增值服务基地，推进构建以“专业维修服务、高端清洗服务、绿化技术服务、辅助管理服务、物流配送服务”为主要内容的五大系列增值服务，持续丰富服务内容、延伸服务业态，让主业干部员工享受到更为专业、更高标准、更多智能、更加舒适的全方位后勤物业服务。房产服务要夯实基础管理，拓展延伸“管家服务、专家服务、约时服务、加急服务、咨询服务、定制服务”六大服务内容，推出有呼必应的“服务包”，打造服务主业的“合成旅”，打通服务主业单位的“最后一米”，真正做到“一对一”“点对点”，“有呼必应，有应必达”，24小时服务“在线”不打烊，实现对办公用房全方位、全天候、全生命周期的服务保障，让主业单位放心、省心、暖心，为主业单位提供有温度、有质感的办公用房服务。食堂公寓服务要持续提升品质，全面推动执行新餐标，改善伙食供给质量，提升餐饮服务满意率，让员工收获感更充实；健全完善菜品研发体系，针对不同就餐需求，制定差异化菜谱，实现合理膳食搭配，推动餐饮服务更健康、更营养；聚焦价值创造，推动“团餐工厂化”，实现规模化、标准化、智能化，建立完善“直属单位餐厅+区域食堂+就餐点”三级布局，提升服务保障主业能力；加快信息化建设，推动餐饮智慧服务建设，做好就餐系统、供应链系统技术对接，选定技术路线，加快推进餐饮信息化进程；加强人才公寓管理服务，营造规范温馨、便捷舒适的拴心留人环境。进一步规范办公区供热（冷）服务标准，健全内部考核机制，全面提升供暖管家履职能力和综合素质；加快智慧热力建设，依托油田后勤服务体系，用好配套政策，尽早全面建成油区供热（冷）站点的远程集中调控系统。矿区管理维护服务要贯彻“三提一降一控”总要求，扛牢矿区优化提升工作责任，统筹推进全方位、全要素资产资源优化和改造提升工作，对项目可研、方案设计等工程项目进行全程管理，提升全链条质量效益，推动实现矿区资产资源优化最大化、工程质量最优化。

5.2.2 推动油地融合发展的能力

胜利油田办社会职能移交是油田后勤系统的亮点工作，得到了国务院国资委、山东省和集团公司的充分肯定。当前，油地双方深入贯彻落实习近平总书记视察油田和东营市重要指示精神，油地关系处于历史最好时期，我们要乘势而上，让亮点更亮，在更高层次、更高起点上，推动油地在多专业、多领域深度融合，通过油田的高质量发展，带动区域经济社会和整个产业链共同发展，打造和谐共赢的新型油地关系全国样板。

要坚持政府主导。按照区域融合发展战略框架协议，配合做好社会事务、城市更新，协调推动移交业务平稳运行，协同推进片区更新和学校、医院、公园改扩建等民生工程，助推油地融合发展项目落实落地。

要发挥企业所能。加强区域统筹，健全多层次、多方位的协调会商机制，着力在党建融合发展、油地科技共享、绿色低碳发展、资源高效利用和干部人才交流等方面充分发挥对外协调、对内沟通作用，当好“桥梁纽带”。

要推动融合共赢。系统总结油田服务协调直属单位“融合共建”社区治理模式经验做法，优化员工服务大厅建设，拓展服务内容，推进员工服务进社区、进班站、进一线，加快推进钻井市场管理职能移交，做好安全隐患治理和权属变更手续办理，实现社区共建共享，让干部员工更多、更好地享受油田高质量发展的成果，巩固形成区域一体发展、油地融合共赢的良好局面。

要确保群众受益。深入研究中央和地方公共服务政策，巩固计划生育属地化管理成果，推动落实低保特困和残疾人公共服务待遇，协调落实保障退休幼儿教师待遇，推动公共服务均等化措施落地，让员工群众感受到政府和企业的双重关爱，切实顺应群众期盼，维护员工利益。

5.2.3 持续改善经营绩效的能力

服务协调直属单位从补贴单位调整为创效单元，就是要持续提升价值创造能力，让每名员工成为价值创造的主体，以良好持续的创效能力保障后勤系统转型升级、高质量发展。为了引导大家转变观念，我们提出了“增值服务是更高水平的服务”“增值服务是最大的金矿”理念，明确了市场化、社会化、专业化发展路径。向绿城服务等领先企业学习先进的经营理念、业务模式和转型经验。绿城服务最初也是传统物业企业，在确保基础物业品质的基础上，通过对客户需求的深入挖掘和对顾客体验的极致追求，逐步将工作重点向设计、研发、运营、销售等高附加值环节转变，业务模式向提供增值服务和完整成熟解决方案转变，实现了转型发展，2022 年绿城服务收入 180 多亿元，传统物业收入所占比例已不到一半。我们要认识到后勤服务也是产业，增值服务是后勤服务实现高质量发展的突破口，在规范做好基本服务的基础上，强化需求导向和平台思维，在提高服务的可及性、便捷性、体验感上下功夫，有序拓展增值服务，不断满足员工高品质、多元化需求。例如，物业服务要发挥“管理 + 技术”优势，开展康养、研学等增值服务，全力开拓大明东城工业园、港区工业园等园区高端物业服务市场；食堂服务要推动油田餐饮产业变革，进一步拓宽社会化创效路径；热力运维服务要发挥专业技术优势，在矿区改造供热（冷）系统设计、代建、监理，新能源机组维保，非矿区改造提升等工作中开辟新市场，持续提升经营创效能力和整体质效水平。要打造精干高效的“项目 + 团队”经营管理模式，围绕增值服务研发、解决方案设计、服务交付及顾客关系维护等环节塑造核心竞争能力，只有具备核心竞争能力，才能外化为市场竞争力，实现市场化运营，并逐步向油田外部市场拓展，实现社会化创效，进而在整个行业内建立品牌优势，打造一流企业，实现专业化发展。

5.2.4 推动数智化产业升级的能力

在数字经济先行的杭州，我们都深刻感受到数智化给传统物业行业带来的深刻变革。我们要顺应发展大势，以问题为导向，以需求为牵引，坚定不移推进数智化与后勤系统深入融合，塑造高质量发展的更强动能、科技引擎。同步推进智能化条件下的管理方式、运行方式变革，配套形成与之相适应的制度、流程、机制、规程，采取革命性措施，为后勤系统大幅度提高全员劳动生产率、管理水平、创效能力蹚出一条新路。数智化建设是一项系统工程，不可能毕其功于一役，必须久久为功、持之以恒抓下去。实现数智化后勤目标，我们可能都是“栽树”的人，而不是“乘凉”的人，更不是坐等“摘果子”的人。要有“功成不必在我”的境界和“功成必定有我”的担当，在产业转型升级上多做一些打基础、利长远的事情，一步一个脚印走、一棒接着一棒干，奋力推进数智化后勤建设。

5.3 操作技能人员素质能力

5.3.1 餐饮业务技能人员

（1）中式面点师技能要求

参照中餐烹饪世界锦标赛标准、国家职业标准要求，结合传统面食、本地风味食材特点与饮食文化习惯，满足员工口味及营养需求。了解中式面点的基本特点及其与西式面点的不同之处，了解中式面点的品种、分类，以及各种面点品种和各地风味点心的特点，基本了解各式面点的营养价值；熟练掌握设备工具的使用方法和保养方法，多接触、多了解市面上出现的新的设备工具；能够正确识别面点主要原料，能够正确识别常用杂粮，了解它们的特性及其在面点制作中的作用，做到正确地选购、使用和保存，熟练掌握常用制馅原料的加工方法，能够鉴别和使用各种辅助原料。熟练掌握和面、揉面、搓条、下剂、擀皮、包馅等面点基础操作手法，能用摘洗、去皮、去核、去杂质等方法进行原料的初加工，掌握咸味馅心、甜味馅心、荤馅心、素馅心的制作方法和要领，能够根据馅心原料合理加工不同的馅心。熟练掌握蒸、煮、烤、炸、煎、烙、烧等面团熟制方法，掌握各种面团熟制方法的关键要领和面点熟制的质量标准，能够根据面点品种灵活运用各种熟制方法，以及熟制30个品种以上的面点；还需要了解西式面点和中式烹调的内容，能够对初级、中级技工开展培训和带动创新。

竞赛分为创意面点（自选）、指定面点2个大项。其中，指定面点竞赛是从12个备选面点项目中抽选2个自选1个，进行竞赛，共比赛3个项目。采取吹哨开始、吹哨结束方式。操作时间一到，评委将不再进行评判。针对实训项目，可自行设定分数，从赛前准备、专业加工、作品呈现、口味质感、卫生节约5个方面进行评判。准备好所用工具、盛器，检查衡器、原料质量是否符合要求，称重准确，和面方法正确，成形标准；熟制方法运用正确，火候掌握好，成品不碎，色泽标准，卫生洁净，不浪费原料。

（2）餐厅服务技能要求

参照技能大赛技术标准、国家职业标准要求，结合当地风俗，为客人提供细致入微的服务。熟练掌握托托盘的手法和步伐及餐前准备工作：团餐方面，主要是餐桌整理和消毒柜内餐具摆放；宴会方面，主要是创意主题中餐摆台、口布折花。熟练掌握就餐服务工作：团餐方面，主要是上菜、加菜、就餐秩序维护；宴会方面，主要是上菜、分菜、换骨碟、撤菜盘。熟练掌握餐后整理工作：团餐方面，主要是餐线整理、桌椅整理、地面清理；宴会方面，主要是检查台上、地毯上是否有未熄灭的烟头，是否有客人遗留的物品以及收台等工作。

根据实际情况，自行设置实操竞赛项目，团餐方面包含但不限于餐桌整理、物品摆放、餐线整理、上菜摆放、清洁桌面地面等内容，其中餐线整理、上菜摆放、清洁桌面地面为必考项。采取吹哨开始、吹哨结束方式。操作时间到了后，评委将不再进行评判。针对实训项目，可自行设定分数，从餐前准备、礼仪规范、作品呈现、卫生节约4个方面进行评判。

5.3.2 公寓客房业务技能人员

客房服务员技能要求：参照国家职业标准要求和职业特色，应具备良好的职业道德，踏实认真地进行各项工作，具有较强的卫生意识和服务意识；能够为客人着想，提供周到、满意、宾至如归的服务；了解客人习惯，提供精准服务；熟练掌握中式铺床的技巧，能够高效完成客房的整理工作；熟练掌握保洁用具的使用；熟练掌握客房预订、入住行李服务、调整房间、离开查房的工作流程；熟练掌握客房日常检查和整理，卧室、卫生间全面清扫流程；熟练掌握墙面、地面、电梯、玻璃的清洁流程；掌握各种灯具、空调、地毯、窗帘、音响、电视、写字台等设备设施的维护保养流程。

根据实际情况，自行设置实操竞赛项目，包含但不限于入住登记、检查并全面清理客房、中式铺床、创意夜床服务、临场应变 5 个大项。其中，检查并全面清理客房、中式铺床、临场应变为必考项目，临场应变为随机抽取题目进行作答；检查并全面清理客房、中式铺床在限定时间均完成，采取吹哨开始、吹哨结束方式。操作时间一到，评委将不再进行评判。针对实训项目，可自行设定分数，从仪容仪表、动作规范、卫生美观、礼仪得体 4 个方面进行评判。

5.3.3 矿区服务业务技能人员

（1）会议服务技能要求

精通商务礼仪，熟悉各类会议的国际、民族礼节；熟悉各种形式会议的场地要求；了解各类会议的程序及场地布置标准。会前准备（包括会议摆台）、会中服务、会后整理三个项目，按要求限时完成，根据完成质量和时间进行评分。

根据客人要求人数，确定桌椅的数量，检查会议桌、椅的稳固性，备足纸笔及杯垫；检查烟灰缸、茶杯，要求无污物、无水迹、无破损；根据客人的要求，提供一套或几套台形摆放方式，以供客人选择，并请客人确认。根据会议室大小、客人人数及摆台的形式进行定位，要求会议桌左、右脚的高度一致，台与台之间呈一条直线，主席位居中（会议桌之间的间距为 1.2 米）；检查台呢是否整洁无污渍，颜色是否统一，然后再逐一铺设整齐（台呢的垂边与地面距离为 1 厘米；台边的台呢的垂边长度为 40 厘米）；每张会议桌摆3张宴会椅，并逐一前后左右对齐（宴会椅的前沿与台呢的垂边在一条水平线上）；为每位客人准备一张纸、一支笔及一个杯垫，会议纸放于客人座位正上方，下端距离台边1厘米，铅笔放在会议纸右侧，茶杯放于客人右手边杯垫上，杯柄朝右。

（2）保洁操作技能要求

熟悉保洁区域内须清洁的各类材质及清洁方法；熟练使用各类保洁工具和保洁设计；熟悉常用清洁剂、养护剂的基本功效及用途。掌握不锈钢面保洁服务标准化操作、玻璃保洁的标准化操作、工具识别及药剂配比。

正确穿戴劳保用品；选择适用于该保洁项目的保洁工具，依次摆放在地面，并说出工具名称；保洁过程中将“工作进行中”指示牌放于工作区域距离玻璃2米处醒目位置，且摆放到位；根据污渍、顽垢及保洁面材质选择合适的清洁剂；利用所选用的保洁工具和清洁剂，按照操作规范在规定的15分钟内完成全部操作，时间一到立即停止操作；完成操作后，保洁面干净明亮。

（3）安保操作技能要求

着装标准，队列动作规范，具备良好的精神风貌；熟悉各类应急突发事件的处置流程；熟悉各类器械、装备、设备的使用方法。结合工作、实战实际，设置队列、监控室突发状况处置、门卫突发状况处置、消防器材操作等实训竞赛科目。

服装穿着标准，装备佩戴整齐；听从命令，服从指挥；动作规范，精神面貌良好；设备设施操作熟练，对讲机使用熟练，语言简练，对话清晰；掌握灭火器、消火栓等消防设施的操作要领；应急事件处置得当，处置流程符合规范要求。

（4）保绿操作技能要求

保绿技能要求：参照技能大赛技术标准和国家职业标准要求，熟悉服务矿区内的各类植物名称、主要性状、生态习性、栽培要点及繁殖方式；熟悉区域内常见病虫害的名称、危害情况、发病规律、害虫生活习性、防治方法及常用药品的配比；熟悉绿篱机、割草机、割灌机等各类绿化工具的使用程序、保养方法及安全操作规程。

根据实际情况，自行设置实操竞赛项目，包含但不限于服务部根据实际情况自行设置的实操竞赛项目，以及包含但不限于：植物识别与病虫害的识别、防治；绿篱修剪；割灌机更换打草绳及割灌机的使用；花卉炭疽病的防治。采取吹哨开始、吹哨结束方式。操作时间到了后，评委将不再进行评判。

常见植物名称、主要性状、生态习性、栽培要点及繁殖方式描述清晰；常用病虫害防治药品配比正确；设备操作和喷洒药品时，能够正确穿戴劳保用品；必备的工具用具准备齐全；工具用具使用正确；符合安全文明生产要求；修剪的植物外形美观，符合标准要求。

（5）综合维修技能要求

熟悉日常设备设施的维修保养及故障排查方法；熟悉常用工具的使用方法；掌握机械制图方法，读懂设备图、线路图等常用图纸；熟练掌握电路、管路的维修与安装。结合日常生产情况设置热熔组件、PVC 黏接组件、门锁安装三项科目。

正确穿戴劳保用品；领取材料、数量、规格符合要求；看明白图纸，算好尺寸再下料；切割时，管端口无毛刺，不偏口；熔接时，清理管端 50 毫米和管件内部污物，在管端及管件分别插入熔接头，达到温度后，将管端插入管件，以熔接处光洁、管端插接到位、外部无熔过等标准为合格；组装构件在一个平面组装或按照角度组装；PVC 黏接时，清理管端 100 毫米和管件内部污物，在管端表面 30~40 毫米和管件内部均匀抹胶，将管端插入管件内部，清理管及管件表面的胶，插接到位；按照图纸尺寸量取外观尺寸；操作后清理现场。选用正确的工具，按照操作规程拆卸和安装锁芯，安装完成后能够正常使用。

（6）热力运维技能要求

熟悉所辖区域内热力管网走向；掌握室内管线拆除安装操作要求；掌握热熔焊接的工艺要求、管件选用及质量要求；熟练掌握运行前系统检查与起运操作的具体步骤及合格标准；熟练掌握各类故障隐患的检查与排除。结合日常工作实际，设置室内管线拆除安装、PPR 管线热熔焊接、供热运行前系统检查与启运操作。

正确穿戴劳保用品；准备工具齐全；严格按照操作规程及操作时间操作；能正确使用拆卸工具拆卸管网及管件；按要求套扣，套扣头应呈锥状，丝扣长度为 18~20 毫米；管路安装完成后，施压 0.6 兆帕无渗漏；供热运行前的检查与启运操作严格按照工作准备→系统检查→二级网充水→一级网进水→热力系统启动→录取相关资料的顺序完成，操作过程中严格遵守各环节的操作规程。

5.4 新型后勤服务培训管理体系

5.4.1 员工培训实施指引

根据高质量发展与能力匹配需要，新型后勤服务管理专业化单位对员工开展思想政治、职业道德、创新能力、管理知识、技术业务、操作技能等方面的教育和提升工作。培训类型包括岗前（入职和转岗）培训、岗位胜任力培训等，培训方式主要有在岗培训、脱产及灵活开展办班、自主和网络培训等。培训工作坚持以质量效益提升为总目标，聚焦人才强企战略落地，严格控总量、提质量、优结构，完善运行、项目、考核和保障四个体系，构建高质量培训体系。主要按照"业务谁主管，标准谁制定，培训谁负责"的原则，强化战略、基层、质量和问题"四个导向"，统筹优化培训体系，精准开展培训，持续加油赋能、助力发展。

（1）职责分工

实行党委领导，组织人事部门主管，业务主管部门（单位）分工负责和基层单位具体落实的统筹规划、分级管理体制。人力资源部门是培训工作主管部门，负责统筹直属单位层面各类培训的管理、考核和评价；业务主管部门（单位）负责本系统、本业务培训的组织实施；基层单位负责本单位培训工作的落实落地。培训运行流程主要是培训计划编制、培训计划核定、培训课程开发、培训组织实施、培训效果评价、培训资料归档、培训经费核销等。

（2）培训对象及时间要求

全员均有参加培训的权利和义务。业务主管部门（单位）和基层单位应根据生产经营和员工职业生涯发展需求，有针对性地组织开展培训工作。对基层副职及以上相当职务专业技术人员、基层关键岗位人员主要培训政治理论、经营管理、专业技术、团建文化、行业发展趋势及规划等内容。对健康营养师、运行保障（办公、生活、矿区服务）等技能操作岗位人员，主要培训理论基础、职业素养、操作技能、质量标准规范、安全环保等内容。入职培训主要针对新入职毕业生，以及新调入员工和业务承揽人员，由人力资源部门统筹协调开展。培训对象采取组织调训、单位推荐、自愿报名等方式确定。直属单位各业务部门抽调基层单位领导班子成员、专家及以上专业技术人员参加培训，须经人力资源部门备案，避免多头调训和重复培训。业务外包派驻人员培训应由业务外包服务商组织实施，或协调直属单位共同组织开展，培训内容、方式和要求参照直属单位标准执行。

管理人员、专业技术人员每年参加脱产培训不少于12天或90学时。基层党组织书记和班子成员每年参加集中培训和集体学习时间不少于56学时，至少参加1次集中培训。技能操作人员每年参加培训（包括岗位练兵等）时间不少于10天，其中技师、高级技师不少于14天。高级工及以上高技能人才每2年参加技能研修和知识更新培训不少于15天，QHSE人员和特种作业人员参加培训的时间按相关规定执行。班组（项目组）长每3年至少参加1次系统的岗位培训。员工每月参加基本功训练时间不少于4学时（不含脱产培训时间），单位基本功训练员工覆盖率达100%。各基层单位每季度至少开展1次技术比武；基层单位间的交流培训全年不少于30天，每次不少于15天，实现全员覆盖。职工参加远程培训，管理和专业技术人员每年在线学习时间不低于40学时，技能操作人员不低于20学时，其成绩纳入年终考核。新录用人员入职教育集中培训时间一般不少于10天或80学时；人力资源部门及相关机关部门也可通过送教进基层的形式分区域、分批次开展新入职人员培训，累计培训时间不少于10天或80学时。

（3）内部培训师队伍

根据培训教育科研需要，建立一支专业水平较高、实践经验丰富、教学能力较好的内部培训师队伍，为直属单位培训工作提供师资保障。探索内部培训师晋级聘任制度，丰富激励措施，完善内部培训师授课、参与课程题库开发的专项激励政策，充分调动参与培训教学的积极性。按照自愿报名、组织推荐、择优选入、动态管理的原则，以优秀党员、领导干部、专家、劳动模范为主体，壮大内部培训师队伍，建立完善内部培训师师资库，推进优秀师资资源共享，有效匹配课程体系。业务主管部门（单位）和基层单位应积极推荐内部培训师。推荐人员应在相应业务领域具备丰富的经验或特长，同时具有较强的语言表达能力和现场感染能力。管理人员、专业技术人员和高技能人才应积极参与内部授课、师带徒等培训工作。

内部培训师职责。定期参加教学素质能力提升班、外出培训、实践锻炼及企业调研，学习先进的管理经验和技术，进行经验交流分享及专家指导，促进专业授课水平提升。内部培训师应参与前期培训需求调研，开发设计课程有关资料，如培训教材、教案、课件、试卷及培训视频。所设计的所有课程资料须经人力资源部门会同业务部门审核存档后方可讲授。内部培训师开发的课程应面向直属单位开放，在直属单位内部各类平台上发布，供直属单位全体员工下载学习。直属单位将特别优秀的课程录制为可视化教程，在直属单位内部推广宣传。内部培训师应参与考核评价及阅卷、后期培训跟进、答疑，协助组织培训班、完善直属单位培训课程体系，对其他培训师提出改进建议，辅助参训员工制订培训后的改进提升计划等。管理岗位、专业技术岗位内部培训师每年应完成16学时授课，高技能岗位内部培训师每年应完成40学时授课，可通过线下授课、线上授课、录制教学视频等多种方式完成。

（4）培训保障措施

人力资源部门作为培训保障的主管部门，对师资和相关设备设施、场地情况进行统筹管理；基层单位对场地、设备设施的运行维护进行直接管理。基层单位应选取软硬件设施较好的食堂、公寓、矿区作为实训基地。实训基地应有一定数量的内部培训师、必要的设备设施、完善的标准体系、服务满意度较高及便于实操演练的活动场地。人力资源部门、业务主管部门（单位）应采取院校结合的方式，加强与高等院校、专业培训机构及行业内领先企业的交流与合作，大力引进外部优秀培训资源，全面保障直属单位培训需求。业务主管部门（单位）和基层单位应积极推动培训创新，强化精准培训和核心能力建设，不断提高培训质量和水平。坚持从严治教、从严治学，完善规章制度，加强培训过程管理，加强学员学习和组织管理。选派参加直属单位层面及以上培训的员工，其所在单位（部门）应合理安排工作，并予以大力支持，其间一般享受在岗同等待遇（另有约定的除外），职位晋升、工资调整、专业技术资格评审、职业技能等级认定等不受影响。因个人原因未能完成规定培训任务或未取得合格成绩的，应酌情减发培训期间的绩效工资。直属单位鼓励员工根据自身成长需求，自主参加外部培训，培训内容经业务部门审核后列入员工培训档案，并享受本条规定待遇。参加连续脱产1个月（含）以上或者出资超过1万元（含）以上的培训项目及其他重要培训项目的员工，直属单位应与其签订培训合同（协议），作为劳动合同的补充或附件。

培训合同（协议）应明确培训目标、内容、形式、时间、服务期限、违约责任等。

培训经费。培训经费实行直属单位统筹统支的管理模式，强化优质优价、高端特价，优先用于重点项目、关键岗位人员的培训，有效支持培训基础设施更新升级。根据上级部门批复的培训费额度，结合业务部门培训计划、基层单位实训基地建设情况和培训计划核拨培训费使用额度。培训项目举办前，应按照“节约、务实、高效”的原则进行经费预算，经审核后方可实施。项目结束后，须经人力资源部门核实后方可核销费用。包括：列入直属单位年度培训计划或经人力资源部门批准实施的各类培训项目所发生的费用。参加上级部门组织的培训所发生的培训费用，以及直属单位统一组织的其他外出培训所发生的费用。因安全、技术等应急组织的各类临时培训（包括直属单位及以上级别的赛前培训）所发生的费用。培训教材研究开发与审定费用、教学仪器购置费用、外聘教师和兼职教师授课费用及教学辅助等用于员工培训的其他费用。

（5）培训监督检查与考核

培训工作需要从主管部门、承办单位及参训员工和内部培训师队伍等方面加大考核力度，推动培训见到实效。

业务主管部门和基层单位的监督、检查与考核。开班前3个工作日，主办部门（单位）应向人力资源部门提交授课讲师培训资料，培训资料含讲义、视频、幻灯片、教材、试卷试题等内容，由人力资源部门进行审核。实行培训工作目标责任制。业务主管部门（单位）将开展培训工作纳入年度考核，基层单位将培训工作情况纳入“三基”考核，作为基层领导班子和主要领导业绩考评的重要内容。人力资源部门定期对业务主管部门（单位）的培训工作开展情况进行综合考评。考评主要内容包括组织管理、规划计划、组织实施、培训保障、培训效果等。人力资源部门会同业务主管部门（单位）每季度通过查阅培训资料、下发问卷、座谈访谈等形式，结合员工的抽考成绩及培训效果评价，对基层单位培训实训工作情况进行考核评价，并将考核结果纳入绩效考核。

5.4.2 员工培训支撑载体

（1）实训基地创建

为落实在强基固本中转型升级的要求，加强直属单位技能操作队伍素质能力建设，以搭建实训基地平台为强力支撑，融合推进创新工作室建设和星厨联盟建设，充分发挥实践培训加油赋能作用，在更高起点推动直属单位高质量发展、助力实现“三步走”规划。坚持以质效提升、客户满意为目标，以打造技艺高超、技能精湛、技术创新的操作技能队伍为目的，以资源共享、辐射周边、引领发展的区域实训基地创建为重点，注重产学研相结合、实训水平提升，重点建成一批服务生产、教导培训、创新孵化、切磋交流、示范样板“五位一体”的公寓食堂、矿区服务等业务板块实训基地，一体统筹创新工作室和星厨联盟建设，深化培养生产、经营、服务、管理一线专业化实用型人才，扎实推进服务品质提升行动、技术创新推广和劳动效率提升等工作，全力推动直属单位高质量发展。

实训基地创建本着先进性原则，把握行业趋势，借鉴先进经验，通过高水平师带徒、高标准传习教、高质量赛训练，发挥创新工作室引领作用，扎实推进创新研发，推广新产品、新工艺、新技术、新设备、新材料。实用性原则：借助星厨联盟，研发专业实训课程，以高水平的内训师、完备的标准规范、创新的研发技术、完善的设备设施、符合真实场景和场地布局为支撑，实施有效针对性训练。共享性原则：综合利用现有场地、现有资源，最大限度地实现资源共享、区域辐射，既能服务本单位，又能保障各直属单位，充分体现开放性、共享性及服务功能。持续性原则：深化实训基地软硬件建设，持续打造人才培养训练基地、技能切磋交流课堂、产学研平台，切实增强实践教学能力、创新能力和引领能力，实现质效提升最大化。

主要目标任务就是基层单位结合自身业务，分餐饮、矿区服务业务类别各建成1个实训基地，选择性建成2个公寓业务实训基地，最后形成8个餐饮、6个矿区服务、2个公寓业务实训基地集群。在此基础上，分业务择优各设1~2个直属单位实训基地（或创新工作室），形成“直属单位+基层单位”的两级实训基地相支撑、“四个平台”作用发挥促发展的新格局。具体建设数量可根据实际申报评审情况进行调整。建素能提升平台，发挥赋能站作用。有序安排员工顶岗实践、跟岗实习，利用师带徒传承绝活、一招鲜和特色菜、经典菜，学习标准流程和实践经验，强化职业道德意识，提升员工岗位胜任能力、规范操作能力、解决实际问题能力和初期应急处置能力。建创新推广平台，发挥孵化器作用。弘扬工匠精神，融合创新工作室建设，开展产学研活动，承担技术攻关、创新课题，定期组织开展新菜品研发与推广，支持和鼓励应用新标准、新技术、新工艺、新设备，实现创新成果转化落地。建切磋交流平台，发挥擂台赛作用。建立星厨联盟，发挥支撑引领作用，开展直属单位和服务部两级技术比武和技能竞赛，激发员工比学赶帮超的热情，激活学绝活、练本领、比技能的动力，传习各项实用标准流程、日常行为规范、团队文化及可复制的现场管理模板。建资源优化平台，发挥蓄水池作用。统筹内训师和技能人才，发挥传帮带作用，推进人才梯队建设。借助实训基地搭建“缓冲带”和“蓄水池”，尽快按用工类别有序开展优化调整，推动员工有序配置和合理流动，有效解决各类用工混岗问题，对标匹配应有劳动量和价值量，实现素能和劳动效率的提升。

实训基地创建应符合以下标准：①管理能力。具有较强的管理能力和高效的组织管理体系，工段设置合理，岗位职责明确。已建立规范的培训管理、财务管理、资产管理、风险管理等制度。遵守有关法律法规，未发生违规违纪事件。服务质量满意度评价较高。②培训能力。符合实训功能布局需要和安全生产标准，能满足年培训所在服务部50%以上业务从业人员的需要；具有与直属单位发展所需和急需紧缺高技能人才培训特色工种匹配的实训设备；系统制订有针对性、有效的自主培训计划、基本功训练计划、创新推广和人员交流及师带徒计划；能够承接一定规模的职业技能竞赛。③师资配备。有满足培训需求的稳定的实践水平较高的内部培训师队伍；具备研发创新、实践创新能力，能推出“新专精特”产品或技术，且有融合设计培训推广课程项目的带头人；可与油田内相关业务创新工作室或院校建立较为稳定的合作关系，共同研究确定实训计划、师资建设、研发课题和时间安排等方案，并合作共建培训实习基地。

申报评审流程。①项目申报。服务部对照创建标准条件，对符合的班组（项目组）所管项目，向直属单位人力资源（组织）部报送申请资料，主要包括：实训基地创建申报表；相关人员获奖证书的复印件；其他相关证明资料。②综合评审。人力资源（组织）部牵头组建专业评审小组，坚持“公平、公正、公开”原则，按照“服务产业、合理布局、标杆示范”的思路，对各区域服务部建设综合情况和各项指标进行综合评审。优先支持符合直属单位产业发展方向、高技能人才培养成绩突出的申报单位，适度向产业集中、高技能人才需求量大的区域倾斜。③结果公布。根据专业评审小组评审意见，经直属单位党委研究确定直属单位及服务部实训基地创建名单和评审定级结果，并颁授牌匾。④动态管理。坚持优胜劣汰、动态管理，不符合标准条件者随即被淘汰出局。统一申报评定工作周期为 2 年，择优确定实训基地。

检查与评估管理。人力资源（组织）部会同相关业务部门将不定期地组织对实训基地进行检查，促进实训基地的创建和规范管理。对实训基地创建与管理、基地条件、实训效果、特色与创新等方面进行不定期的评估考核。协调解决建设、发展、实训教学和管理等方面的实际问题。组织开展实习实训示范基地、优秀内训师的评选，并给予表彰。实训基地所在服务部应坚持以职业道德、岗位素能提升为标准，具体制定实训基地评估考核制度。按照实训环境、管理体制、培养目标、教学质量等，制定评估、考核的指标体系和实施细则，并对其开展监督评估工作。加强对实训基地的指导与管理，建立定期检查指导工作制度，推进建设、管理和基本功实训等方面工作。实训基地应细化落实组织管理、组织实施、过程监督和效果评估等制度。积极开发实训项目，深化学训改革，更新实训内容，改进教学方法，以保证实训质效水平不断提高。融合内训师评价、学员评价、实训基地评价和服务部评价，建立健全内训师与实习对象一体的考核评估办法。根据实训基地评审定级结果划分档次，将给予所属服务部不同档次的创建和奖励资金支持。相关人员在高技能岗位聘任、职称评聘、年度考核和评先树优等方面的同等条件下予以优先考虑。给予直属单位层面实训基地一定额度的专项费用支持。对申报达不到标准条件的实训基地所属服务部通报批评，使其不享受创建费用支持，责令其限期整改，直至达标为止。

（2）星厨联盟

为深化落实人才强企战略，大力弘扬工匠精神，充分发挥技能人才优势，培养食堂餐饮“星级厨师”和“服务之星”，不断提升服务质量水平，推动后勤服务管理体系建设，保障油田高质量发展，特组建胜利油田星厨联盟（以下简称“联盟”）。联盟主要由胜利油田有食堂餐饮业务的单位及单位内从事餐饮业的经营管理者、主任技师、责任技师、健康营养师、服务人员等自愿组成，是人才孵化、学术交流、传承创新、竞技切磋的平台，是开展厨师技能评星定级的承载主体。联盟以构建油田新型后勤服务管理体系为己任，忠诚履行保障油田发展、服务美好生活的职责使命，秉承推动食堂餐饮创新发展、弘扬餐饮文化的宗旨，致力于服务餐饮业同人，共同促进餐饮服务技艺发展与推广，为高质量可持续发展贡献力量。坚持共建共享、开放融合、互联互动、携手共进的原则，持续加强与油田内外联络活动，特别是与中国石化集团公司、社会餐饮等行业先进单位的战略合作。加强沟通交流，构筑服务平台，拓宽服务范围，全方位助力联盟健康成长与发展。

联盟力求推动成员单位人才、经验、培训资源共享，发挥专精特新星级厨师骨干引领作用，结合本单位餐饮特色开展各类烹饪技能培训活动，为成员提供提高自身厨师等级、技能的机会，打造培养更多高素质能工巧匠的人才孵化平台。推动成员单位间人员交流和协调联络，携手拓展与油田外企业交流渠道，邀请顶级烹饪大师、行业协会领导、餐饮企业家和专家学者为成员单位授课，统筹组织赴外、对标一流调研考察及其他与烹饪相关的活动等，打造富有凝聚力和影响力的学术交流平台。深入挖掘特色美食资源，传承传统饮食文化，联合成员开展产学研活动，承担烹饪理论与餐饮文化研究和实践探索任务，定期组织开展新菜品研发与推广，支持和鼓励应用新标准、新技术、新工艺、新设备，打造总结经验、探索新模式的传承创新平台。组织和参加油田外中餐技艺比赛、表演，承办油田内技术比武、技能竞赛等，激发比学赶帮超的热情，激活学绝活、练本领、比技能的动力，传习各项标准流程、行为规范、团队文化及可复制的现场管理模板，打造学绝活、练本领、比技能的竞技切磋平台。结合行业标准和发展方向，组织高端技能大师编制修订企业标准，开展星级食堂、星级大师、明星产品、服务明星评定，完善认定程序、考核标准，组织认定和推荐工作，打造质量进步、标准提升的星级评定平台。

5.4.3 员工基本功训练管理

员工实训与基本功训练管理及考核是以全员贯彻直属单位培训实施细则、全员落实实训技能及考评指导纲要、全方位提升服务质量和满意度为目标，突出精准性和实效性，配套完善培训体系，健全实训机制，发挥考核指挥棒作用，持续强化实训质效，建立开放融合、科学合理、长久有效的训练机制，为直属单位高质量发展提供坚强的培训保障和智力支持。管理及考核坚持凡是实训必带目标，凡是目标必带计划，凡是计划必带方案，凡是方案必带检查，凡是检查必带结果，凡是结果必带兑现的“六必带工作法”，明确达标时限，限期追标达标。

训练应当遵循以下原则：坚持集体实训与自我研修相结合。统筹制订基本功训练计划，集中统一组织实施。员工根据自身情况拟订个人训练计划并有针对性地自学自练。坚持专项训练与服务实践相结合。将基本功训练与实际场景服务工作结合起来，并将各项基本功动作运用到服务实践过程中，达成学以致用、用以促学、学用相长的效果。坚持实训效果与绩效考核相结合。通过阶段性培训、比武训练和技能竞赛，定期组织监督检查、考核总结，并将考核结果与员工绩效、评优树优、评星定级等激励性措施相挂钩。直属单位全员和业务承揽人员均按照培训实施细则要求开展训练。业务外包派驻人员培训应由业务外包服务商组织实施，或协调直属单位组织实施，参照直属单位标准执行。

训练内容。按照“五懂五会五能”要求，训练内容包含但不限于直属单位《员工实训技能及考评指导纲要》（以下简称《指导纲要》）中所列基本技能和动作。应细分拆解、合理安排，按业务和岗位进行实践练习。机关部门、服务部（组）管理及专业技术人员按照岗位素能标准要求开展训练。通用基本功：以满足服务对象需求为基础，强化服务意识，端正服务态度，规范服务行为，全员应了解需求，掌握礼仪、微笑、沟通、投诉等技能，应熟知牢记、主动践行。通用基本功都应被列入各业务岗位基本功训练计划并组织实施。业务基本技能：对食堂餐饮业务中健康营养师岗位，明确了中式烹调和面点工种的基本技能。对公寓客房业务中运行保障岗位，明确了分场景服务技能和要求。对矿区服务业务中大岗位，明确了保洁、保绿、保修、保安、热力、会议等工种的训练技能。考评项目训练：《指导纲要》中根据技能鉴定、评星定级要求，对不同业务岗位设置了相应的技能训练项目，明确了评判标准和大体要求。在实战实训过程中，各单位应将评判项目作为阶段训练内容，提出考评项目主题和技能量化评分标准，督促开展岗位训练和阶段性比武。

训练方式。紧扣工作实际，精准把握训练要求，找准切入点和着力点，提高训练方式的实效性和精准性。①实操实战训练。结合实训内容，利用实训基地等场地，突出实践锻炼和实战模拟，设计岗位实训和基本功训练方案，常态化开展岗位技能培训，加强标准化操作训练强度，培养员工正确操作、规范操作、熟练操作的习惯和能力。②导师带徒训练。采取师带徒、内训师演示等方式，组织员工在师父的带领和指导下，挖掘特色美食资源，练手艺、长本领、传承创新研发菜品，主动应用新标准、新技术、新工艺、新设备，积极总结经验、探索管理新模式。③业务技能竞赛。分层分类推动以专业技术人员为主体的业务技术比武和以技能操作人员为主体的职业技能竞赛，完善业务竞赛组织实施方案，采取技能竞赛、技术竞答、仿真测试、在线考评等形式，促进岗位技术技能提升。④应急演练。刻画还原自然灾害、突发事故、急性中毒、环境危害、人为破坏等突发事件现场，建立健全应急预案体系，完善应急预案内容和应急处置程序，分层分级定期组织实战背景下的各类应急演练，实现应急演练闭环管理。⑤在线模拟训练。统筹在线培训资源建设，深化远程培训系统、移动学习在岗位培训、岗位练兵、技术比武等方面的应用，刻画模拟实际操作场景、标准规范和步骤流程，建立健全理论应用和设备设施单元等仿真体系，明确员工在线练习要求，推进仿真演练培训落地。

组织实施。编制训练方案：围绕岗位胜任力匹配和应知应会基本功要求，编制实训与基本功训练工作方案及计划，配套完善相关专项制度。深化日常练习：坚持“每日一练”的自修制度，员工将岗位基本功训练与日常工作结合起来，坚持开展实践练习。坚持周度训练：建立健全“双周一训”的集训制度，班组（项目组）和小组每周围绕一项基本技能组织一次集体培训，时长为 2 小时，统筹邀请内训师教习科学的练习方法和基本技能，并组织考评小组对员工基本功训练情况及时检查和考核。单位员工基本功训练覆盖率达 100%。训练结束后，应及时进行评价和记录，按要求填写《基层岗位培训与基本功训练记录》，作为考核有效依据。组织档期比赛：健全完善“每期一赛”的检查制度，服务部或班组（项目组）统筹菜品研发、师带徒传承创新、新工艺新技术新设备推广等情况，自行设定月度、双月或季度考评期限，组建考评小组，开展技艺切磋、技能比武，对员工基本功训练情况及时进行检查和考评。服务部每季度应至少开展一次技术比武。擂台比武：直属单位每年适时开展两次技能竞赛，分设不同主题，组织健康营养师、生活运行保障、办公运行保障中的不同工种在广泛开展基本功训练的基础上，开展个人和团体擂台比武对抗赛。跨区、跨单位交流：积极开展基层单位间的交流培训，全年不少于 3 次，每次不少于 10 天，以 2 年为一个周期，实现全员覆盖。健全外出学习分享制度：支持并鼓励员工外出学习并分享外出学习的先进理念和成熟经验，按照外出学习时间长短不同，返回后 3 周内进行一次相关培训或开展一次专题汇报，分类整理并共享带回的相关资料和经验，主动加强对标追标工作。建立长效提升机制：严格落实“六必带工作法”，以习惯养成、自醒自悟、业务训练、技能比武为主，坚持“集训—练习—运用—比赛—考核”五环模式，注重长远规划与短期训练有机结合，采取个人自学与实践锻炼相结合、定期竞赛和专项考核相结合的多种有效形式，用竞赛带动训练、以考核促进训练，持续总结提升、固化先进经验，形成长效机制。

考核评价及监督。实训与基本功训练作为三基规范建设内容，纳入“1+2+2”绩效考核体系，对应管理绩效考核细则，实施考核评价和结果兑现。对服务部常态化开展情况进行考评排名，分类分档拨付基本功训练费用。积分制考核：服务部和班组（项目组）组建培训考评小组，负责对培训积分制管理及运行进行监督指导，承担组织实施、推进落实、汇总统计、总结反馈和提出建议任务。设定积分事项及分值：细化积分行为事项，对支持和鼓励行为事项采取正积分，对反对和限制行为事项采取负积分，发挥导向牵引作用。固定和浮动积分：体现个人价值、鼓励学习提升的，如将资格资质类、创新推广等设为固定积分，每年或规定周期按等级加分；将把控程序环节、细化关键动作、有理有据进行过程和结果考核的，如参加次数、经验分享、意见建议、创新研发、成绩成效、安全卫生等设定为浮动积分。积分考核兑现：结合员工参训、内训师培训、师带徒等训练情况，实行考核积分制动态管理，在适当范围内及时公示。基层单位根据绩效情况，折算培训积分，兑现绩效工资。多维迭代奖惩：对师带徒、内训师教导成效进行评价，落实同奖同罚激励约束措施。同时，与岗位竞聘、评先树优、职称评审、职业技能等级认定等工作挂钩。创新推广奖励：经典特色菜品教授、菜品研发、新技术新设备新工艺推广应体现价值，规定相应奖励标准，在绩效考核中予以兑现。对不组织实施、不参加实训或者未达到要求的单位（部门）和员工个人，按照直属单位培训实施细则给予处分。

第 6 章

新型后勤服务管理体系安全质量

安全质量和环保工作是一切工作的基础和前提，也是企业高质量发展的应有之义和坚实底板，这方面出现任何闪失，都是油田不可承受之重。油田后勤服务系统深入学习习近平生态文明思想和关于安全生产重要论述，必须始终将安全质量和环保工作作为重大政治问题和头等大事，摆在先于一切、高于一切、重于一切的位置，切实把统筹发展与安全落实到各领域、各环节，坚决守住红线底线。抓好安全生产、营造国泰民安的社会环境尤为重要。要把贯彻落实党的二十大精神作为最重要的政治任务，深入学习贯彻中国石化和胜利油田安全生产各项部署，对照年度目标任务，坚持体系思维，瞄准突出问题，更新理念、主动作为、扛牢责任，扎实推进 HSE 重点工作取得明显成效。

6.1 HSE 管理体系运行

6.1.1 领导、承诺和责任

各级领导干部以领导引领力“十条”为准则，深入开展有感领导实践行动。各级领导要充分发挥 HSE 工作核心推动作用，推进 HSE 管理体系与企业管理深度融合，引领全员做到尽职尽责，持续提高 HSE 绩效。要积极践行有感领导、实施个人行动计划、承包 HSE 风险、开展 HSE 检查和安全观察，并定期公示领导个人行动计划及履职情况，以实际行动展现领导引领力。要坚持体系思维，检查、推动全员履行安全生产（HSE）

职责，评估所管理人员的HSE履职能力和表现，并将HSE履职情况作为个人绩效评价的重要依据。要按照油田统一要求开展好单位领导班子成员及安全总监QHSE履职能力评估工作，落实“三个三”要求，深入基层开展蹲点调研，引领全员尽职尽责，持续提升抓安全、保安全的能力和水平。要优化完善岗位安全生产（HSE）责任和工作清单。油田《HSE管理体系手册》（新版）已下发，要对照该手册和相关制度要素职能调整情况，对全员岗位安全生产（HSE）责任和工作清单进行优化完善，落实“三管三必须”要求，深入学习宣贯《HSE管理体系手册》（新版），将体系要求融入业务、融入制度、落实到基层，确保体系有效运行。

6.1.2 策划

做好后勤服务风险识别评估和隐患排查治理工作。要持续推进油田后勤服务系统风险分级管控和隐患排查治理双重预防机制建设，实现“防风险、除隐患、遏事故”。

全面排查。进一步压实各直属单位安全主体责任，在油田公共事业系统梳理的7大类17项油田公共事业QHSE专委会级风险的基础上，对油田后勤服务业务领域各业务、各场所、各场景安全风险进行再次全面排查，梳理体系运行中的问题和薄弱环节，逐级形成风险隐患清单。油田公共事业QHSE专委会梳理直属单位上报的安全风险和隐患清单，建立油田系统级安全风险和隐患清单。各直属单位按照《公共事业系统安全环保重要风险及管控措施清单》及重要风险降级计划，加快治理进度，为实现后勤服务业务领域年度安全风险总值降级目标奠定基础。

重点防范。要突出策划与支持，相关单位要对紫昇大厦、天和服装城、齐国商城、锦华市场、世纪苑市场等场所做重点防范，做好燃气安全、自建房安全专项整治重大风险管控，各相关直属单位要切实落实安全主体责任，协调保证必要的投入和采取强有力的管理措施，确保安全平稳运行。

责任细分。对列入清单的风险要明确管控责任人和措施落实责任人，并针对管控措施开展专项检查和每月跟踪。要突出责任，自觉践行有感领导，各单位主要领导应承包本单位最大风险和最大隐患，并在承包期间实现风险降级和隐患治理。要强化自建房安全专项整治行动。对于正在进行安全鉴定的397栋房屋，相关单位根据鉴定结论制定整治方案，分类实施隐患治理。根据《安全专项整治实施方案》要求，各直属单位要成立专项整治工作专班，明确责任人、责任部门，结合实际细化实施方案，建立工作机制，安排专门资金，确保政策措施、人员配置、工作落实到位，积极推进油田公有房屋安全专项整治工作。推进燃气安全专项排查整治。油田修订印发《非生产用燃气使用安全管理办法》，相关单位要学习贯彻、遵照执行。油田相关业务部门、各直属单位要加大燃气安全专项排查整治力度，把排查整治推向整治攻坚和巩固提升阶段，坚持“管行业必须管安全、管业务必须管安全、管生产经营必须管安全”，督导相关单位、部门隐患排查和整治工作做实做细、扎实开展，动态更新问题隐患清单。对检查过程中发现的重复问题，采用考核评估、警示通报等手段持续加大整治力度，确保重点安全风险管控到位、重大隐患整改到位。对照问题，按照“五个回归”溯源分析方法，查找问题根源，从管理上举一反三，避免问题的重复出现。同时，各相关直属单位要针对前期排查发现的隐患问题，认真组织开展“回头看”，检查隐患整改落实情况，确保排查整治取得实效。要认真总结专项整治中好的经验、做法，及时总结提炼并形成规章制度；对发现的管理漏洞，要查漏补缺、完善相关管理制度，进一步健全完善燃气安全长效机制。同时，要协调做好移交小区重大安全隐患治理。

6.1.3 支持

建立安全领域“基层疑惑，我来解答”机制。按照“强三基、保安全、多产油、做贡献”专题行动的部署安排，落实油田领导抓基础、打基础的工作要求，油田建立安全领域“基层疑惑，我来解答”机制，充分发挥各级机关部门“引领统筹、指导服务、监督监控”的职能定位，对基层反映的安全管理方面的“疑难杂症”给予明确答复意见，各级检查人员的检查标准与答复意见不一致的，以答复意见为准，请油田公共事业 QHSE 专委会成员处置，各直属单位认真组织学习并贯彻落实。直属单位要畅通基层单位职工报送安全“疑难杂症”渠道，每月定期对基层反映的问题进行解答并在单位内部发布。油田将对反映的安全“疑难杂症”有助于提升油田安全管理水平的报送者给予奖励。对此项工作组织开展得力、取得较好成果的直属单位，油田将在绩效考核评比中给予加分。

深入开展"人人都是安全员"活动。以基层班站为单位，让每名员工轮流当一周安全员，用这种形式营造全员关心安全、关注安全、加强自我管理、自觉与违章行为作斗争的良好氛围，促进规章制度内化于心、外化于行，并按照《胜利油田生产安全事故隐患直报奖励及公告牌制度工作实施意见》，充分发挥员工"吹哨人"作用，切实提高全员安全意识和风险识别能力。

强化能力精准培训。各直属单位要按照分专业、分层次、分类别、分岗位组织培训的原则，深入开展新安法、新条例、能源环境政策法规及直接作业环节"7+1+N"精准培训。要积极参加油田节能环保关键岗位履职能力培训、质量管理普及教育、基层单位急救员、员工健康大讲堂等专业培训，强化培训考试结果分析与运用。

规范员工健康岗位设置。统筹各类健康体检的归口、规范管理，协调做好员工健康监护。开展 AED（Automated External Defibrillator，自动体外除颤器）应用培训，实现 AED 标准化配置、规范化管理。将油田 601 台 AED 统一纳入胜利职工 e 家，搭建 AED 地图，为员工提供准确的 AED 导航服务。常态化开展"胜利心福一线行""心福快车"工作，加强 EAP 应用，推广应用员工心理健康状况测量测评体系。

加强油田外部市场员工安全管理。压实单位外部市场 HSE 管控责任，落实好业务承揽、劳务输出等外闯市场项目的安全管理措施，强化员工培训，提高安全意识。做好项目和安全能力评估，不干超资质超能力的事，避免员工发生意外伤害。

持续深化标准提升。加快推进员工服务、矿区物业、油区护卫等标准的制定（修订）工作。聚焦重点抓提升：物业服务重在着力营造良好的办公生活环境，做好环境保洁、秩序维护、设施维修和绿化养护各项工作。食堂服务重在稳定提升饭菜质量，做好连续生产单位员工餐饮服务。公房维修服务重在加快对主业单位维修需求的解决。员工服务重在稳定基础服务，拓展增值服务，有序推动员工服务进社区。

聚焦考核抓质量。印发《后勤服务标准和考核办法》，做好学习宣贯工作，建立以"服务满意率 + 工作质量"为主要内容的考核体系，发挥考核指挥棒作用，强化导向引领，加强日常业务运行和质量监督，引导服务质量提升。

6.1.4 运行过程管控

加强员工健康管理。进一步压实直属单位员工健康管理主体责任，明确从体检机构购买服务的权利和义务，及时准确筛出健康重点关注人员，及时发现健康风险因素，提高健康体检结果利用效能。继续推进健康重点关注人员的家庭医生签约，提倡购买服务，通过专业人员全程的健康管理服务实现健康风险评估、健康教育、健康咨询和健康干预。完善区域健康管理各项相关工作，将健康重点关注人员健康体检数据信息录入相应健康管理信息模块，落实“一人一策”健康干预、关爱帮扶措施。常态化督导各单位健康体检工作开展情况，急救药械、AED 配置及管理使用情况，开展 AED 使用培训工作，实现 AED 标准化配置、规范化管理。做好职业危害因素复核，工作场所职业病危害因素定点检测、岗位检测做到全覆盖，检测率达到 100%。完成接害员工上岗前、在岗期间和离岗时的职业健康检查，检查率要达到 100%，做好噪声作业高危人员提前干预，防止职业病发生。

加强环境保护管理。各直属单位按照《胜利油田环境风险管控与环保隐患排查治理管理办法》，结合生产经营实际情况开展单位环境风险识别与评估，划分单位整体环境风险等级，编制环境风险评估报告及系统性环境风险清单，报属地地方政府备案。涉及环境风险源管控的相关岗位应掌握风险等级和管控措施。计划开展好“无废企业”创建工作，要落实边远场站生活污水处理措施，对矿区雨污分流是否到位进行再排查。要配足食堂油烟净化设施，推进维护清洗常态化。要持续推进生活垃圾分类投放，依法合规做好分类收集、运输和处置，实现固体废物随产随分、日产日清，年内实现分类收集率、规范储存率、合规处置率 100%。

做好冬季“六防”工作。按照油田做好年度冬防保温及冬季“六防”的工作要求，结合季节生产特点，部署安排冬季“六防”工作及各项防护措施的落实，要立足于防大冻、抗大寒，认真做好管网流程、工程项目设备设施的冬防保温及监督检查工作。矿区物业服务中心、机关管理服务中心、房产管理维修中心各类冬防保温设备设施要经得起大寒流的袭击，确保不发生冻结、冻裂和堵塞事故。要密切注意天气异常变化、寒流袭击和节假日期间的设备使用管理，制定气温剧降时的应急预案，防止冻坏设备，影响生产。

加强直接作业环节监管。矿区改造施工项目部要结合季节特点，制定有针对性的极端天气施工管控措施，开展建设工地安全专项检查，重点检查进场起重设备及吊索具、特种作业施工人员持证、受限空间等情况。开展施工现场机械作业专项排查，对吊车、挖掘机、铲车等机械作业半径范围内的安全管理情况进行专项监督检查，确保施工现场安全监管人员到位、措施到位，避免发生机械伤害。根据《关于进一步加强地面工程建设安全管理的通知》要求，加强施工现场安全监督，对施工现场的二级及以上直接作业进行重点监督，发现问题及时处理，确保油田各区域矿区改造工地安全平稳运行。

6.1.5 绩效评价

做好季度指标要素动态考核。油田公共事业 QHSE 专委会各成员部门及各单位要对所负责指标进行动态化管理，建立月度分析、季度评价、年度考核机制，定期分析评价指标完成情况和相关要素运行的有效性。完成承揽油田健康医疗服务业务承包商的审查、备案工作，强化健康医疗服务队伍季度考核工作，推进评价结果的应用落地，提升服务质量。加强健康管理工作考核机制落实，发挥考核“指挥棒”的作用，推进油田员工健康管理工作开展。各直属单位要结合新发布的《HSE 管理体系手册》，深入学习宣贯，落实“三管三必须”要求，梳理体系各二级要素监测指标设定情况并纳入监测范围，建立完善覆盖本单位生产经营关键节点的 HSE 管理体系要素监测指标，依据要素监测指标开展日常监测，切实将体系要求融入业务、融入制度、落实到基层，确保体系有效运行。近期完成承揽油田健康医疗服务业务承包商的审查备案工作。

6.1.6 改进

按照油田公共事业 QHSE 专委会工作计划，常态化对已审核直属单位进行“回头看”，实现闭环管理。按照 PDCA 运行模式对部分直属单位开展穿刺式体系审核，持续改进提升。对涉及经营性房产安全管控的直属单位、下发风险管控提示函的单位，开展有针对性的督导检查。直属单位要对照油田 HSE 体系内部审核情况，对存在的不符合项进行举一反三、溯源分析、持续改进。要对照《转变思想观念、改进行为习惯、坚决整治安全生产领域形式主义、官僚主义》的要求，认真剖析查摆、对号入座、改进提升，大力整治形式主义、官僚主义，树立实事求是、务实重干的导向和风气，持续为基层松绑减负，让基层干部、员工心无旁骛地抓安全、促发展。

6.2 质量标准提升

6.2.1 完善公共事业标准体系

油田公共事业 QHSE 专委会统筹负责新型后勤安全管理等工作，与各相关业务管理室及相关直属单位经多次研讨，制定完成《公共事业系统质量进步标准提升行动计划》，根据工作安排，公共事业系统共制定出台 4 项标准（《食堂服务规范》《关心关爱员工服务事项办事指南编写规范》《关心关爱员工服务事项管理规范》《矿区建设维修改造规范》）。按照油田质量标准办公室要求，首次同步在线上提报复审 3 项标准，分别为《胜利油田 440 客服中心服务与管理规范》（拟废止）、《一站式服务厅服务规范》（拟废止）、《胜利油田公积金大厅管理与服务规范》（拟废止）。公共事业系统制定（修订）的 4 项标准（《胜利油田员工服务中心服务规范》《矿区物业服务规范》《油区治安隐患排查规范》《准军事化管理规范》）已发布实施。采取线下集中培训和线上网课直播的形式，组织标准宣贯培训。

按照安全环保质量管理部加快建设使用“胜利油田标准化综合管理系统”工作要求，对公共事业系统标准体系中多项标准，逐一梳理每项标准对应相关岗位的核心条款，完成《公共事业系统标准对应岗位及标准条款对应岗位表》，为岗位标准条款识别奠定了基础，对标准的落地执行起到了关键性的作用。以油田质量月开展“我为标准作诊断”活动为契机，加大宣传力度，强化全员标准意识，对公共事业标准体系进一步梳理，对不适用的标准进行整合或废止。

6.2.2 后勤服务质量考核指标运用

根据安全环保质量管理部门要求，进一步优化完善质量风险管控考核指标，采取

“四色管理”进行指标管控，经过与各业务管理室多次协调对接，进一步明确公共事业系统质量管理关键监测指标，作为季度考核指标纳入胜利油田绩效考核体系，并组织相关部门和业务专家对各服务协调中心（站）及专业化服务单位服务质量实施季度考核监督，服务满意度考核均值达95分以上。

6.2.3 矿区资产资源优化改造质量提升

油田矿区资产资源优化改造质量提升作为油田重点领域质量进步标准提升项目，要求在油田质量进步标准提升工作推进会上汇报。油田矿区资产资源优化和改造提升项目部加强组织实施，编制《高效推进矿区改造工程实施办法（试行）》，重点对6个方面21条内容进行了规范。实施“挂图作战”模式，建立“日运行、周调度”工作机制，协调解决影响施工进度等方面的问题。实行“红黄”预警，确保各项目按计划、按目标、按要求推进。实施“样板先行”，用成熟样板引导施工，打造标准化工地样板和标准化质量样板，总工期缩短20%以上。推行规模化采购，推行集中、集合、规模采购的运作模式，节省材料成本约20%。积极推行“五化”建设模式，开展“四新”技术研究与应用26项。严格监督监控，强化QHSE管理，编制21条矿区改造项目安全环保风险清单，每周组织QHSE案例讲评。

6.3 员工健康管理

6.3.1 员工健康管理现状

员工健康管理要统筹身体健康、职业健康、心理健康等要素，完善员工健康管理协调机制，修订发布《员工健康管理规定》《突发公共卫生事件专项应急预案》，制定实施《员工健康关爱监护干预工作方案》。目前，员工健康体检完成率、职业健康体检率尚不能达到100%。因不良生活方式导致的慢性非传染性疾病发病率较高，相关异常指标检出率高；重点关注人员存在失管漏管现象，非生产性死亡员工达不到现行标准未纳入重点管理，重点关注人员标准需要优化；查体机构、查体质量良莠不齐，不能满足员工健康检查需求。以上问题暴露出部分单位对员工健康管理重视程度不够，“以人为本、生命至上”的健康理念尚未根本树立，对员工健康管理资源投入不足，有的单位员工健康体检费用较低；健康管理协调机制运行不畅，员工健康管理职能分散、多头管理，员工多次体检、重复体检；健康检查、健康评估、健康干预、健康促进和全民健身链条尚未有效贯通，存在工作脱节现象；健康风险识别不到位，健康重点关注人员筛查标准需要得到进一步优化。

6.3.2 员工健康管理措施

全面贯彻落实“健康中国行动”部署，把健康放在更加突出位置、融入油田生产经营全过程、各方面。健康企业建设是“健康中国行动”的重要组成部分，13 类 65 项措施与 HSE 管理体系要求高度契合，建议把健康企业建设作为落实 HSE 管理体系的重要载体，并随着实践的不断深化更加有机地融入油田 HSE 管理体系中。①规范健康体检。制定《规范员工体检技术方案》，统筹各类体检，落实归口管理，多渠道筹集资金，进一步统一和适当提升体检费用标准，探索弹性体检方式，满足员工个性化体检需求，合理增加重点关注人员体检频次和体检项目。②加强健康干预。落实单位主责，做实重点关注人员“一人一策”关爱监护干预；按照中国石化要求，升级基层保健药箱，建立健康驿站，开展员工体质测定，配齐 AED，并搭建 AED 导航系统，组织开展全员应急救护和 AED 使用培训。探索以购买服务的方式，建立新型巡回医疗制度和对重点人员的社区干预机制。③加强指标监测。开展在岗期间非生产性死亡溯源分析，修订完善健康重点关注人员筛查标准，缩短健康高危人员干预率指标监测周期，建议由年度调整为季度，加密筛查和监测频次，防范非生产性死亡事件。④控制职业危害。做好职业危害因素复核和项目申报，定点检测、岗位检测做到全覆盖，加强噪声作业高危人员提前干预，降低职业性噪声聋发生风险。⑤抓实疫情防控。聚焦人员安全有序流动，聚集性活动管控，重点场所、重点环节防控和企业员工定期检测，从细从实落实疫情防控处置措施，切实保障员工生命健康，巩固防线，守住不发生聚集性疫情，生产经营安全平稳，人心不慌、队伍稳定三条底线，防范疫情防控过程中的生产安全事故。

6.4 安全质量环保实践

油田后勤服务系统以保障员工生命安全和身体健康为出发点，查风险、除隐患、强基础，持续抓实后勤领域安全管理，全面提升安全风险防控水平。

6.4.1 强化管理体系和排查防范

油田研究制定下发《关于调整胜利油田安全生产（QHSE）委员会专业委员会的通知》，进一步明确油田公共事业QHSE专委会职责范围，加强对油田人员密集场所、经营性房产和办公房产、非生产用燃气、员工健康安全、后勤服务管理等领域的安全监管。油田高度重视后勤领域安全，明确要求聚焦聚力抓好风险持续降低、服务质量提升、员工健康管理、素质能力提升。为将上级部署转化为切实成效，油田公共事业QHSE专委会定期召开会议，研究部署安全管理工作。健全完善各项安全管理制度和操作规程，明确各级管理人员和员工的安全职责和义务，梳理优化后勤服务系统安全环保重要风险及管控措施清单，完成年度质量风险管控考核指标和质量进步标准提升行动计划，不断推动后勤专业领域质量安全进步。做到思想不放松、标准不降低，不断强化后勤领域安全教育，加强培训教育，提高员工的安全意识和技能水平。通过不定期举办安全知识讲座、组织应急演练，使员工熟练掌握各种应急处理措施和自救互救技能。针对工作中出现的安全问题，及时开展反思和总结，教育和引导员工增强安全意识，防止事故的发生。

持续加强专项隐患排查。公共事业管理部针对后勤领域安全事故的时段和成因，进行经验归纳总结，结合油田后勤领域安全管理运行规律和季节特点，推动专项隐患排查，可更好地筑牢后勤安全防线。通过专项治理，完成非生产用燃气安全风险治理，对存在隐患房屋委托专业机构进行安全鉴定，将油田食堂全部改用管道气或电磁灶、燃气橡胶软管全部更换为不锈钢波纹管，实现出租房内液化气瓶全部退出。围绕公共房屋的结构安全等问题，组织专家和技术人员分批次对所有公共房屋进行全面检查和评估。经过对结构类型、使用年限、维护状况的排查，逐一建立房屋档案。根据损坏程度，将房屋分类为基本完好、限制使用和危险等级别。对限制使用级房屋已全部制定了隐患整治和防护措施，危险级房屋必须完成拆除。持续加强非生产用燃气的安全管理，在全油田范围内进行起底式安全隐患排查，并初步完成燃气和消防隐患治理。燃气安全管理不是一阵风，公共事业管理部每半年针对自有食堂、经营性用房等人员密集场所开展一次燃气安全专项整治行动，通过常态化专项检查，进一步筑牢后勤安全防线。

提级管理高风险作业。油田公共事业 QHSE 专委会按照油田关于对高风险作业进行提级管理要求，不断加大监管力度，开展专项行动，对高风险作业安全管理应知应会，进行专项教育，规范后勤领域高风险作业许可管理，发现隐患严格落实安全计分、约谈、停工整顿措施，对违章行为“零容忍”。人员要安全，设备设施同样要安全。对高风险作业设备设施、特种设备等进行单人定岗专项管理，明确不同类别高风险作业的分级标准和管控措施，建立完善的管控清单，并根据实际情况及时更新。同时，督促各后勤单位切实承担实施主体责任，负责落实高风险作业的提级管理措施，进一步提高高风险作业管理水平。对重点落实高风险作业分级管控，加强矿区优化提升工程管理，强化人员密集场所、经营性房产和办公房产的安全管理，持续推进燃气安全、自建房安全专项整治行动，开展穿刺式体系审查、防火督查、安全专项督查，做好移交业务工作人员安全素质提升，全面提升油田后勤服务系统安全绿色发展水平。

6.4.2 专业化单位实践

机关管理服务中心始终将保障广大油田员工生命财产安全作为使命，坚持以全面管控燃气安全风险、消除燃气安全隐患为抓手，以强烈的责任意识确保安全生产万无一失，以实际行动践行“保障油田发展、服务美好生活”职责使命，在油田安全绿色发展上立新功、创佳绩。抓风险防控，力求防患未“燃”。机关管理服务中心始终坚持源头管控风险，力保本质安全，将双重预防机制建设与日常生产紧密结合，建立食堂安全风险评级表，制定加装食堂燃气自动熄火保护装置、自动开关阀门等行之有效的管控措施，动态管控燃气安全风险，确保燃气安全风险可控受控。抓隐患治理，力求安“燃”无恙。借油田员工食堂燃气安全专项整治工作机会，全面打响燃气安全隐患歼灭战。机关管理服务中心组织人员力量，全力以赴推进燃气改造项目的实施，对使用液化气、自产气的69座食堂进行整治，15天超前完成食堂燃气安全专项整治，全面清零燃气安全隐患，增强了餐饮保障能力，为油田食堂安全、稳定运行打下了坚实基础。抓应急处置，力求戛“燃”而止。机关管理服务中心坚持提升全员安全素质能力，抓实安全教育培训，坚持“全员应急、初期应急”原则，将应急演练做在平常、做在心中，提升岗位应急处置能力，常态化开展“人人都是安全员”活动，发动全员全方位、全过程参与安全管理工作，不断提升全员安全意识水平。

房产管理维修中心按照油田党委专业化改革有关要求，组建3个房产管理部，负责油田办公房产的安全隐患治理、维修等服务管理。服务区域跨东营、滨州两市7个县区，服务范围6000平方千米，涉及房屋1200余栋、面积133万平方米。近期，安全生产形势严峻，银川爆炸、齐齐哈尔体育馆坍塌、菏泽郓城县高处坠落等“灰犀牛”“黑天鹅”安全事故无时无刻不在警示着要绷紧安全生产这根弦，马虎不得、大意不得。使命如磐，铁肩担之，必须以“时时放心不下”的责任感统筹服务与安全，在确保绝对安全的前提下，支撑保障好油田主业。一方面，彻底从思想上清除“事故不可避免论”，始终坚持安全首位原则，树牢“先于一切、高于一切、重于一切”理念，在办公房产服务管理板块中厚植本质安全、绝对安全共识；另一方面，强化体系思维、系统观念，以QHSE体系运行为主线，建立“一房一档一管家”办公房产管理机制，全方位强化责任落实和风险管控，加大防雷、结构、液化气瓶等隐患排查力度，列出问题清单，制定隐患治理方案，不讲条件、不讲困难、不打折扣，最大限度释放专业化服务潜能闭环落实，确保办公房产本质安全，在支撑保障主业中展现“胜利房管家”的应有作为。

临盘采油厂及区域驻临单位位于德州市临邑县，距平原县40千米，最近基层班站距发生5.5级地震震源10千米，且基层班站房屋老旧，多为20世纪70—80年代建设，此次受损严重，经全面排查和现场勘察，共计出现59处墙体错裂、围墙倒塌、墙面开裂等不同程度的损坏，严重影响安全生产运行，威胁员工生命健康。地震发生后，油田党委高度重视，第一时间询问相关地震受损情况及安全生产情况。公共事业管理部、生产运行管理中心、安全质量环保管理部、财务资产管理中心领导也第一时间赶赴震后现场调研指导，带来油田领导的关心和指示，要求启动应急程序，一周内完成受损房屋维修，确保员工人身及生产运行安全。临盘采油厂党委作为区域应急统筹单位，闻令而动，连夜安排部署震后受损房屋维修工作。临盘服务协调站矿区服务管理部作为房屋维修施工负责部门，接到指示后，迅速摸排工作量、房屋受损程度，科学安排施工队伍、区域统筹调度各施工项目，积极克服施工区域分散、施工条件不足及雨季降雨等影响，项目组在确定施工进度的同时，制定翔实的应急预案，紧盯施工各环节，确保快速度、高标准、高质量安全施工。在应急抢修过程中牢固树立“时间关乎生命，抢修就是抢险”的安全责任意识，严把施工安全关、工程质量关，在一周内，圆满完成震后修复工作，向油田党委、区域被服务单位、员工交上了一份合格答卷。

西城服务协调中心紧盯“七下八上”防汛关键期，高度重视移交小区防汛排涝工作，充分发挥协调服务、区域统筹职能作用，建立属地联动“一体化防汛”的运行模式，平稳度过汛期，做到让油田领导放心、让油田居民安心，向油田党委交出了满意答卷。领导承包机制发挥了良好效果。机关管理服务中心建立以领导班子成员为组长的工作联络组，对辖区范围内 13 个移交居民（易内涝）小区，共计 15275 户居民，进行分级分类精准施策，逐个小区分析存在主要问题及易发生内涝点，与属地相关部门共同制定应急排涝措施 37 项，各小组统筹人员调度，主动对接配合，及时掌握移交小区防汛动态，统筹协调多方力量，形成防汛排涝联动机制。油地联动机制运行畅通。机关管理服务中心主动联系对接街道、东营区区域治理运行管理中心、矿区物业服务中心、应急救援中心等单位建立“一体化防汛”的运行模式，畅通应急响应、应急指挥视频联网联动通道。在雨情持续期间，每隔 20 分钟更新一次数据，以保证数据的时效性，结合雨情通报，提前与地方部门共同协调，确认应急排涝措施落实到位。应急值守力量得到全面落实。机关管理服务中心积极组织防汛应急抢险队，开展防汛应急演练，强化防汛应急物资储备。同时，做到“汛期不过、排查不止、整改不停”，不断夯实防汛基础。机关管理服务中心各级党组织充分发挥战斗堡垒和党员先锋模范作用，靠前指挥，加强协调，深入基层，紧盯一线，加强应急值守，坚持领导带班和 24 小时值班制度，遇到突发事件要第一时间报告、第一时间响应、第一时间处置。

矿区物业服务中心深刻认识到防汛排涝工作事关员工群众生命安全和油田生产经营大局，做好办公区域的防汛排涝工作、为油田主业单位提供坚实的后勤保障是矿区物业服务中心的光荣使命。矿区物业服务中心立足防大汛、抢大险、抗强台、救大灾，强化风险意识和底线思维，聚焦补短板、堵漏洞、强弱项，严抓“雨季八防”，不断夯实防汛排涝基础，提升应急能力，努力承担起油区办公区防汛工作。①应对措施到位。矿区物业服务中心主要负责人亲自研究部署、亲自督导检查，按照“雨季八防”和防汛排涝的要求，坚持“汛期不过、排查不止、整改不停”，组织各基层单位逐一排查风险，制定“一区一策”处置方案，全面盘点防汛物资，动态补齐应急装备，不断夯实防汛工作基础。②防汛演练到位。设立防汛排涝指挥部，组建防汛应急工作群，分区域健全防汛体系，完善值班、预警机制，确保信息畅通、科学调度。各服务部按照“一区一策”组建应急队伍，积极对接主业单位，组织联合演练，实行资源共享、区域协作、人员联动，通过应急演练，切实提升实战能力，确保在关键时刻能够迅速响应、快速联动。③应急处置到位。前期针对油田发布台风“杜苏芮”预警，矿区物业服务中心迅速启动防汛应急预案，中心领导班子坐镇指挥中心，各服务部全面启动应急响应，强化风险排查和监测预警，建立联动机制，加强应急值守和信息报送，确保信息畅通、资源共享，全力以赴保障油田办公区安全平稳，为油田高质量发展贡献矿服力量。

第7章

“互联网 +”的后勤服务管理模式创新

“互联网 + 智慧后勤”是利用智能终端、通信、网络、人工智能、大数据、云计算等现代化科学技术手段实现计划、组织、协调、服务、创新等职能，以实现后勤管理与服务保障高效、创新数字化为方向的新型管理模式。

7.1 “互联网 +”管理新模式

后勤管理系统本质上是依托物联网、互联网、云计算、大数据、人工智能等新一代信息技术，将后勤服务管理的工作流程、服务保障、监督管理与软硬件深度融合而形成的一种新型后勤服务管理体系。随着油田办社会职能分离移交主体任务基本完成，矿区后勤管理的主要服务对象由原来的居民、社区，变成职工、办公单位，原来的信息化系统已经不适应这种变化，甚至缺少对新增业务的支持，急需完成后勤管理从生活到生产的转变，创新后勤服务模式，推动后勤工作实现更加人性化的服务、更加科学的管理、更加高效的运转和更加全面的保障，最终实现“资源优化、提质增效、数据集成共享，防止重复建设、重复投资，形成信息孤岛；建立基础数据库，为生产、经营、决策服务”的核心目标。

①实现后勤服务的全过程信息化管理，实现提质增效，节约人工成本和管理成本。信息化将带来油田后勤服务运行模式的转变，减少不必要的运行环节，提升后勤服务质效，加快盘活优化房产、土地等资产资源。

②建立油田后勤服务一体化统筹管理机制，实现集成共享。平台的建立将实现对维修、办公区物业服务，员工食堂、公寓服务，办公区热力运维等业务统一的信息化管理，突出价值引领和市场导向，建立完善服务标准体系、价格定额体系、费用结算体系、考核评价体系，形成较为完善的后勤服务管理制度保障。

③推进矿区资产资源优化及服务提升，为资源优化服务。信息平台的建立，将推动矿区资产资源优化，家底盘查，风险管理，为减少公房存量提供数据支持，同时充分发挥区域统筹管理协调作用和专业化服务力量的支撑作用，建立标准化服务、契约化管理机制，推动后勤服务水平提升。

④加快收入结算，推进矿区维护改造提升，为经营决策服务，导入油田工程建设“五化”理念，推动矿区维修改造项目提质增效。按照经济、适用、简约、整洁的标准要求，一体推进片区房屋本体、场地、绿化改造，改善办公、生活条件，注重工程质量，提升矿区面貌，促进城区油田生产一线站点与城市景观相协调，外围矿区环境成为区域亮点。

按照急用先建、边建边用的原则，坚持问题导向、需求导向、管做分开，推进油田后勤服务一体化统筹，建设胜利油田后勤服务一体化管理平台，以公有房产数据为基础，实现对办公区的物业服务，以及员工食堂、公寓、办公区热力等后勤服务的统一管理、统一运营，构建油田抓总、区域协调、专业服务的工作格局，实现职责清晰、协同高效、运行规范的新型后勤服务管理体系，促进资源优化、提质增效。

“胜利油田后勤服务一体化管理平台”的业务设计遵循“一体化”的设计理念，即“后勤数据直属单位一体化建设、专业化服务一体化管理、综合服务接报一号通、费用结算一体化管理、考核评价一体化管理、指挥决策一体化管理”。

利用大数据和物联网技术，将分散的、孤立的信息汇总处理形成信息数据库；通过对数据的分析，为后勤管理与服务保障工作提供科学的指标和决策依据。数字化的后勤管理模式有助于推进后勤管理由粗放型管理向精细化管理转变。主要是对海量数据信息的分析，使管理目标精准化，变被动服务为主动服务，从而提高后勤服务的满意度、认可度，同时这也是推动节约型后勤建设的题中之义。

在“互联网+”时代，科学技术手段日渐成熟，融入人们生活和工作的方方面面，同样机关后勤管理与服务保障的理念和方式也发生了深刻变化，从局限于单纯重视资源与阵地服务到突出需求导向和用户体验，让职工得到全方位、个性化的服务保障，感受到家一般的温暖，使之工作无后顾之忧。

因此，胜利油田运用微信公众号、微信小程序、手机 App、后勤管理云平台等移动互联网信息技术，搭建智慧后勤管理与服务保障平台，采用视听方式和智能响应，实现机关后勤保障服务的可视化展现和双向互动，从而充分体现油田后勤服务的便捷性、优质化与个性化，为职工提供全天候（Anytime）、全空间（Anywhere）、全事务性（Anything）、全体职工（Anyone）的“4A”服务。

按照“大后勤”的组织架构，搭建服务质控、资产管理、实时响应、绩效考核、决策支持等多个模块，形成统一的服务系统。另外，在“互联网+”背景下，以职工需求为导向，借助新一代科技信息技术，融合已有信息化建设成果，建立一个综合性、一体化的智慧后勤数字化管理体系，具体可以包括服务优化体系、成本分析体系、外包评价体系、质量内控体系、绩效考核体系、决策支持体系等。

强化数据管理，实现双向服务沟通、服务实时跟踪（如后勤服务进程桌面化、掌上化）、纯闭环管理、多渠道数据整合和分析（如多维度数据统计报表）。通过搭建智慧后勤管理与服务保障平台，集成油田后勤服务全部业务，消除各部门各自为战的状况，形成后勤管理“一张网”，有利于促进后勤服务工作规范有序，能够有效消除“线上线下两条腿走路”的传统后勤服务方式导致的工作效率低下、数据易丢失、流程不严谨、信息利用困难等弊端，也是推动油田后勤服务保障方式的智慧升级、数字转型和降低运行成本的有效途径。

油田“智慧后勤”的打造与实现，必须运用互联网及信息技术，有创造性、有建设性地开展服务工作，将各种如办公用品申领、临时住房申请、物资物品采购领用、车辆保障、食堂订餐和充值、物业服务等与职工日常工作生活息息相关的环节，运用智能化的平台呈现出来，适时加入新模块，将“智慧后勤”打造成一个全天候、全场景服务的系统工程。

7.2 智慧食堂管理系统

机关食堂管理是后勤服务的重中之重，如何在成本得到有效控制的前提下还能较好提升就餐人员满意度始终是一个老大难问题。食堂实现数字化管理后，经过一段时间的信息采集，将数据进行智能分析，食堂管理者就能精准掌握就餐人员的数量、提供餐饮品种的受欢迎程度及成本消耗的数据，使同时实现成本控制和提升就餐满意度成为可能。

目前，油田食堂在系统运行过程中系统消费策略不能满足实际需求，组织机构、人员管理不够灵活。针对食堂方面的管理不能满足实际需求，既没有移动端提供给用户实时查询账户余额和就餐历史，也无法实现线上订报餐功能，急需利用互联网及信息化的手段构建智慧食堂管理系统以提升食堂管理服务水平。胜利油田全域 150 多个餐厅安装了海康威视人脸消费终端，并使用海康威视综合安防管理平台（iSecure Center）内置的消费管理模块对餐厅消费业务进行管理，通过智慧系统提升食堂管理质量。

7.2.1 需求分析

系统升级使用前，食堂管理工作中遇到的问题：餐卡就餐充值不方便、转借他人使用易造成管理漏洞，就餐核验设备品牌杂乱、维护不方便，业主无法实时查看就餐历史数据和账户余额，没有移动端来实现线上订报餐功能，备餐靠经验，浪费严重、食堂管理效率低，补助管理机制不灵活，难以精准控制，没有完善的数据统计及报表功能、对账麻烦，食堂管理人员没有移动端工具，无法及时掌握食堂生产运营情况。

通过构建胜利油田智慧食堂管理系统与现有消费终端设备对接并基于油田局域网以及中国石化 DMZ 应用环境，建设基于系统服务器、桌面 PC 端、微信小程序端以及消费服务终端等多应用场景下的智慧食堂综合服务平台。通过系统成功开发及实施，可以实现以下功能目标。

（1）基础数据管理

按照油田层级可分为管理部门、食堂、设备、就餐人员，为将来水、电等数据对接做准备。局级拥有全部单位管理权限，下级各单位只能管理自己单位和所属下级单位的部门、人员。

（2）角色权限管理

按需求设置角色权限，分级管控，浏览与管理可分为管理、基础数据维护，分角色服务部可维护本服务部内的相关基础数据，直属单位层面可维护全部数据。

（3）与海康威视消费终端设备接口对接

通过海康威视 ISAPI SDK 接口管理消费终端并下发人脸信息，确保在线正常刷脸认证；人脸认证通过后消费终端向智慧食堂管理系统发起消费申请，本系统根据规则响应可消费的信息，终端确认消费后提交消费记录到本系统。基于此种模式运行的消费终端必须保证网络畅通，如遇特殊情况导致网络中断需现场切换消费终端为离线工作模式，待网络畅通后再上传消费信息。

（4）就餐策略管理

就餐策略调整到人。

（5）就餐消费管理

发起就餐或订餐请求时通过预先设定的消费规则实现个人现金账户和单位补贴账户的统一记账管理。

（6）订餐管理

微信小程序端自助订餐，包含普通福利订餐（执行个人就餐策略扣减）、加班订餐（个人免费统一记账核算）、招待订餐（个人免费统一记账核算）等就餐场景，经各单位订餐管理员审批后至食堂自提或条件成熟时进行统一配送。

（7）报餐管理

微信小程序端实现就餐点统一报餐，经审批后由直属单位食堂统一配送（功能已实现，正在井下作业公司测试运行）。

（8）个人账户管理

微信小程序端实现自助充值、查询账户明细、就餐明细等。

（9）公益信息管理

微信小程序端实现意见建议反馈和每周菜谱、通知公告展示等。

（10）数据统计

按照单位层级多维度统计就餐数据，生成并导出各单位对账表格。

（11）领导视图

设备、人员、就餐、收支对比等管理层移动应用。

（12）消息通知

通过公众号模板消息或短信网关实现就餐用户增减、订报餐信息、意见建议等通知信息的接收，便于食堂掌握数据变化、对就餐人员提出的意见或建议进行反馈。

7.2.2 系统特点

智慧食堂管理系统就是充分利用互联网技术提升食堂的管理效率和服务品质，并提出如何解决传统食堂的食材浪费、个性化服务、管理无法闭环的方法。食堂管理系统将点餐系统、消费收银系统、客户管理体系、供应链管理以及财务系统打通，最终实现信息化管理，节省人力成本，提高整体营收。

食堂根据网上订餐数量进行食材采购，精准备餐，确保有量有节，既不浪费又满足了用餐者需要，大大节省了食堂经营成本。保证了采购库存可控，杜绝管理漏洞，备餐采购有计划，食材来去有影踪，库存余量有管控，食堂经营不再愁。

提高就餐效率，提升食堂服务水平，多方式提前预订，省去现场选餐排队拥挤时间，多种套餐可供选择，大幅提升用餐体验，让更多人回归食堂。

营养专家，为用餐人的健康保驾护航。智慧食堂管理系统营养专家，包含用餐人信息、原料营养表、营养搭配套餐、营养红绿灯，为每一位就餐者科学搭配膳食，在讲究美味的同时追求极致的营养。

与现有智能设备无缝对接，就餐方便快捷。灵活的接入模式与食堂现行经营模式实现无缝对接，充分兼容食堂现有消费终端，在不改变原有管理模式的基础上收到最佳效果。

互联网食堂，颠覆传统食堂模式，当单调枯燥的食堂加入了“云”，有了微信小程序端，融入了微信、在线支付等互联网元素，食堂也能掀起互联网风暴。开拓多种经营项目，既更好服务了员工又实现了食堂经营收益。在微信小程序端通过餐厅外卖、胜利商城等功能模块展示并预订外卖以及节礼福利商品，实现线下终端自动收款，更好地服务了员工并拓展了食堂经营模式。

7.2.3 系统功能

如前所述，餐厅现场消费就餐使用海康威视人脸消费终端进行就餐核验，系统通过海康威视 ISAPI SDK 接口管理消费终端并下发人脸信息，确保在线正常刷脸认证；人脸认证通过后消费终端向智慧食堂管理系统发起消费申请，本系统根据规则响应可消费的信息，终端确认消费后提交消费记录到本系统（图 7–2–1）。基于此种模式运行的消费终端必须保证网络畅通，如遇特殊情况网络中断需现场切换消费终端为离线工作模式，待网络畅通后再上传消费信息。

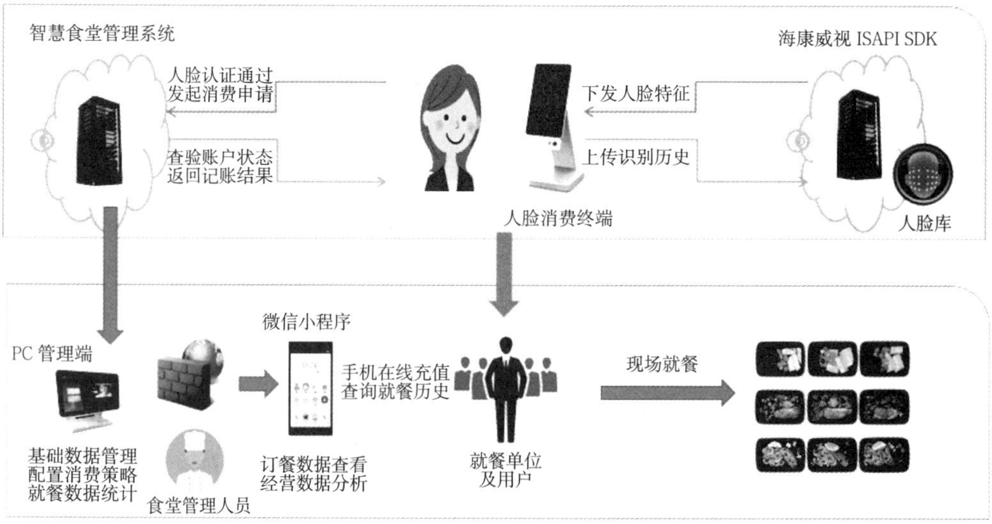

图 7–2–1　智慧食堂管理系统现场就餐流程

网上订报餐（图 7–2–2），通过微信小程序端实现一线员工智慧化点餐、精准化配送、科学化配餐，不断提高基层员工的获得感、幸福感和满意度。

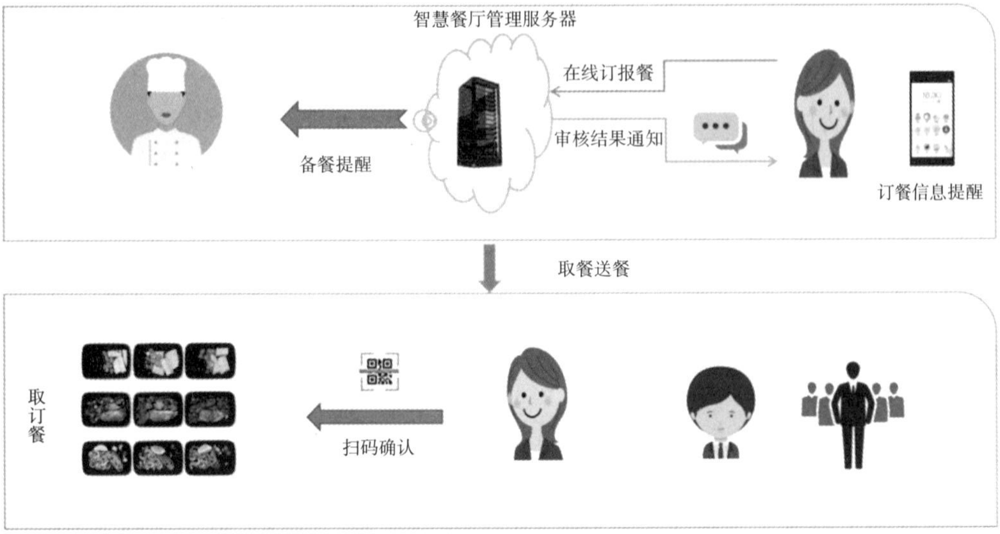

图 7-2-2　智慧食堂管理系统网上订报餐流程

后期通过对用户就餐及订报餐数据进行分析和预测（图 7-2-3），可以实现以下大数据应用。

生产经营，通过订报餐数据及就餐数据分析预测生成生产计划，包括预订量、计划生产量、制作厨师等，给食堂经营备餐提供精准的数据。

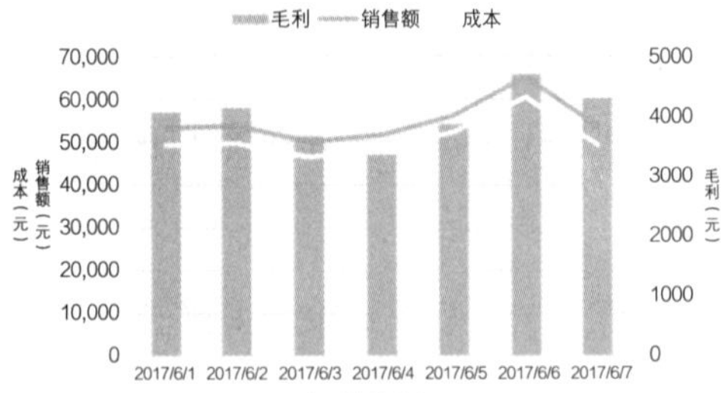

经营分析

档口名称	人效	坪效	利润率	利润
八面溢香	1431	429	7.17%	4293
豆浆记忆	348	104	14.10%	1043.6
大碗饭	301	90	4.67%	902.5
土耳其烤肉饭	804	241	4.17%	2413.4
河南大饼	395	118	5.17%	1184.4
小炒	835	250	9.17%	2504
风味居	665	199	5.17%	1994.5

档口分析

序号	菜品	销售单价	材料成本	销售毛利	销售份数	毛利合计
1	酸汤龙利鱼	16	5.12	10.88	1531	16657.3
2	烤肉拌饭	15	4.80	10.20	852	8690.4
3	脆皮鸡饭	17	5.44	11.56	643	7433.1
4	特色鸡柳饭	16	5.12	10.88	613	6669.4
5	红烧牛肉	18	5.76	12.24	466	5703.8
6	骨汤面	13	4.16	8.84	536	4738.2
7	香辣私房肥牛手擀面	16	5.12	10.88	312	3394.6

菜品分析

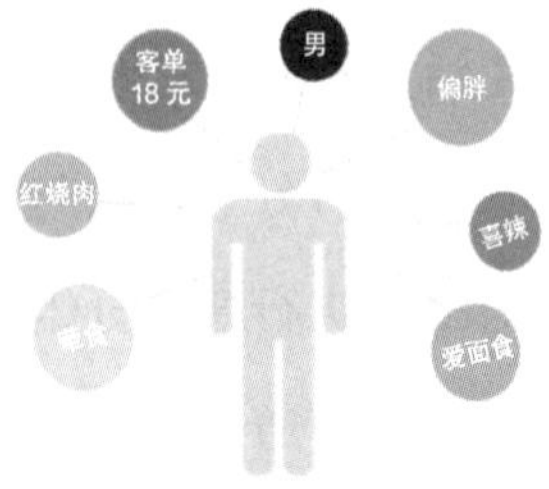

用户分析

图 7-2-3　智慧食堂管理系统就餐数据分析示意图

原料反算，通过生成计划，自动生成原料反算，包括生产计划需求量、库存余量、建议采购量，并可自动生成原料出库单或者原料采购申请，与供应链系统对接，订报餐数据形成管理闭环。

菜品溯源，系统可追溯菜品的售卖对象、制作厨师、原料供应商等。假如食堂出现偶发问题，可通过菜品溯源找到问题的原因。

7.3 员工健康管理系统

2019 年 7 月 15 日，国务院印发《国务院关于实施健康中国行动的意见》，核心是聚焦当前人民群众面临的主要健康问题和影响因素，同时下发了《健康中国行动（2019—2030 年）》，提出了开展 15 个专项行动。目的就在于通过健康中国行动，提高全民健康水平。

要抓好员工健康管理，健康是员工最基本的诉求，也是安全工作的前提条件。目前，油田员工健康状况依然不容乐观，异常指标检出率高达 58.5%，因突发疾病导致的非生产性死亡事件，远高于生产安全事故对员工的伤害，凸显了员工健康安全的现实重要性，要树立“职业健康危害也是重大隐患”的理念，实施全员全面健康管理，持续提升健康管理水平，让员工健康平安工作生活。各部门、各单位要持续强化员工健康管理，加强药品器械配备和应急救护培训，规范员工健康体检，落实重点人员关爱监护干预措施，确保员工身心和职业健康。

建立健全员工的电子健康档案，通过对个人、特定人群、地区人群健康评估、统计分析功能，提出科学合理的预防保健措施。建立员工健康评估模型，为员工提供个性化的生活方式评估、慢性病评估、中医体质评估、心理评估。

对员工进行分组，定向开展健康管理，按照所有员工健康数据进行分析，并进行高危筛查后，进行智能分组，为每个员工提供个性化的、有效的、长期的健康干预和健康宣教工作。通过健康大数据分析，建立员工健康重点信息数据驾驶舱，综合员工的体检报告、调查问卷等数据，发布“员工健康白皮书”，为油田管理层掌握员工健康状况提供数据支持。

7.3.1 员工健康管理平台

通过搭建科学、全面、规范的智能化信息平台，将油田在职员工纳入系统管理，记录全部的健康数据和管理过程。实现健康数据采集、健康档案管理、疾病风险评估、智能分组管理、干预方案制定、健康跟踪干预、统计分析等功能，有效针对员工开展健康教育、健康指导和健康提醒。

建立工作台，工作台以日历的形式，清晰展示近一个月内（支持切换查看其他月份的任务）的工作日程。点击日历可切换查看某一天的任务详情。通过日历圆点以及列表数字提醒健康管理员，当天是否存在待办任务，以及待办任务的具体类别。点击后可跳转快速处理对应的任务。同时，首页可查看和接收员工的异常监测提醒。

建立帮助直属单位、消息直属单位，帮助直属单位系统包含完整的产品使用手册和操作视频，方便管理人员快速查询，提供便捷的使用指导。系统消息类型包括员工数据提交、审核任务提醒、异常数据提醒、员工服务提醒以及系统消息提醒，并且每个管理人员可根据自身的角色和工作需要自定义设置接收的消息类型。

建立在线互动直属单位系统，该系统内置IM交流工具，支持医生/健康管理员与员工在线互动，互动内容支持纯文字或发送图片。

建立智能分组管理直属单位系统，支持按照不同疾病或不同疾病风险对员工进行分组管理，可灵活设置分组名称和入组条件。员工数据进入系统后，根据预设条件对员工进行智能归类、分组。健康管理员可审核确认并支持调整分组和精细调整管理方案内容。若无须审核，则入组、创建方案、分配计划执行人由系统全自动完成，无须人工操作。

员工列表模块提升后，汇总展示系统内所有在管员工信息，构建单位组织架构菜单，可便捷查看每个组织层级在管员工数量，点击后可快速在右侧列表中筛选查看对应层级的员工数据。在此模块可进行员工转档以及员工信息的导出。所有的转入/转出记录都可在此汇总查看。

员工健康档案直属单位功能提升后，系统以员工个人健康为核心，连续、动态地汇总员工所有相关的健康信息，为每位员工建立360全息健康档案。该档案内置健康红绿灯模型提醒，通过四色分级展示整体健康情况、生活方式情况以及体检情况。依托综合算法体系对员工健康数据进行深度分析，从多维度勾勒健康画像。

健康问卷模块升级后，在系统原有的生活方式调查问卷、中医体质辨识问卷、SCL90（90 项症状清单）问卷的基础上，开发了专业问卷编辑器，具有强大定制能力，可灵活设置问卷表单及问卷规则，适用于满意度调查、健康测评、信息收集等多种场景。

健康监测模块提升后，健康监测用于汇总显示体检员工的自助检测数据，包括血压、血糖、体重、运动等，此外也支持健康管理员自定义配置监测项目，也可通过指定的设备测量自动上传数据，数据会自动汇总并形成趋势图，若存在异常，系统会自动预警提醒对应的健康管理员进行跟进。

健康评估模块提升后，系统能够在未出现临床表现的人群中分析其健康危险因素，建立生活方式、环境、遗传等危险因素与健康状态之间的量化关系，以健康档案系统、疾病异常库、危险因素库等为基础，最终以图表数据的形式表现出疾病风险，为管理者提供一个实施健康管理服务的可扩展信息化工具，引导个人纠正危害健康的行为并改善不良的生活方式。

健康干预模块提升后，可按照单病种或多病种维护标准的干预方案模板，完整的方案内容主要包括干预计划详情（指健康管理员的干预计划）、自我管理计划（指员工的健康打卡任务）、关注指标（根据疾病管理需要设定关注指标及控制标准，可查看关注指标的趋势变化，若超过标准值系统将预警提醒）、复查规则（将按照方案规则定期提醒员工复查）、饮食建议、运动建议。

建立智能干预执行引擎，大多数计划都能由系统自动替代人工来完成，医生或健康管理员只需要聚焦关键问题或异常情况。在管理过程中，可根据需要设定干预计划的执行模式，支持人工计划和自动计划。自动计划将由系统根据计划内容，全自动发送宣教、提醒和随访，完成后自动关闭计划，过程无须人工参与。

健康宣教模块提升后，基于权威医学知识图谱，系统集合了上千个宣教模板，可以满足常见慢性病的健康宣教。支持多形式宣教，包括图文、音频、视频，比传统纸质版、口头式健康宣教更加直观、生动，且系统可自动关联员工健康标签，动态匹配调整宣教内容并由系统选择最合适的内容推送给员工。

建立异常处理直属单位，此模块用于汇总和展示所有管理过程中产生的异常记录，包括问卷异常和监测异常。

建立任务打卡直属单位，为了提高健康重点关注人员参与自身健康管理的依从性，引导员工主动执行任务，设计了健康任务管理模块，可以配合干预方案，将需要员工配合提交的数据转化为健康打卡任务，例如血压、血糖、体重、饮食、运动、用药等，员工通过移动端进行相关内容的打卡，系统会根据每个员工的打卡情况，进行自动的数据归整、监控、警报、分析等。

阳性跟踪，系统预设四色预警模板，支持按照指标数值及文字关键字识别预警。体检数据进入系统后，可按预警规则自动识别并归类。支持多样化的跟踪方式，包括人工回访、电话通知以及自动短信通知；同时，支持按照阳性异常自动生成就医提醒计划。

膳食运动管理功能提升，系统根据员工饮食、运动习惯、体重情况等因素，为员工创建个性化的膳食 / 运动方案，制定膳食 / 运动方案后，可配合饮食打卡和运动打卡对员工的饮食运动情况进行监督，并根据反馈情况随时调整膳食 / 运动方案。

国民体质测评，系统内置国民体质测评模块，按《国民体质测定标准》规范设计。支持人工录入测评数据并生成国民体质测评分析报告。

7.3.2 体检预约服务平台

体检预约服务平台是员工可以通过手机端进行体检套餐预约，自行选择体检时间和体检机构的应用。《关于印发〈规范在职工健康体检工作方案〉的通知》（胜油局工单〔2023〕18号）要求：油田加快推进员工健康信息化建设，尽快实现员工自主选择体检机构、体检预约和记账管理等事项“人脸识别”和“掌上办理”。

检前1+X定制。通过检前问卷推荐体检套餐——1+X模式，自由进行体检项目加项。手机员工端是针对员工开发的特色服务平台，实现对员工的移动健康管理服务。员工可以通过手机随时随地查看自己的健康档案，完成健康任务打卡，还能与健康管理员交流互动，使单向接收的健康管理变为双向的管理和反馈。

健康档案查看。平台具有一份留存了从员工建档到接受管理至周期结束产生的所有足迹的全息电子档案。支持员工在线查看自己的体检报告、评估报告、就医记录、检查记录等档案内容。

健康监测提交。支持员工在线查看本人的监测数据记录及趋势分析，包括血压、体重、血糖、饮食、运动及自定义监测项目。同时，支持在此处自助提交居家监测数据，上传后自动同步至油田员工健康管理信息系统。健康任务打卡，通过首页提醒员工每天的打卡任务内容，包括监测打卡、运动打卡、饮食打卡、宣教提醒、问卷填写等类型，可将健康周期干预转化为日目标、日打卡；将最终大目标细化至每周甚至每天的小目标，提高员工健康管理依从性和配合度。

健康问卷测评。员工可在线填写测评问卷，包括生活方式问卷、中医问卷、心理问卷及其他自定义维护的测评问卷。填写完后，系统自动给出结果分析，同时根据答题情况，自动、有针对性地推送宣教内容，问卷答题详情自动同步到系统后台。在线互动，支持员工通过互动功能，与健康管理员进行实时的在线交流，互动方式包括图片和文字。支持员工在线查看饮食、运动指导、阶段总结报告等指导方案。

7.4 智能热力管理系统

基于油田 PCS、EPBP 等在用系统及数据湖基础数据，通过与 PCS 及源网荷储一体化系统有效兼容及共享，开展生产用热可视化动态监控、异常预警、热资源综合分析功能建设，建成后将有效提升热资源管控能力及基层生产现场用热水平。

按照“新型后勤服务体系”的整体建设思路，结合热力分公司办公供热（冷）运维实际，从热源供给、热（冷）运行、安全监测、节能调控、服务监督等方面，构建办公供热（冷）运维管控一体化平台。通过推进供热（冷）站点及办公区现场自控系统提升改造、一体化生产运维管理及“热管家”服务管理模块的建设完善，全面实现办公供热（冷）设施智能感知、一体化运维、智能化运营、大数据决策分析。同时，与油田“源网荷储”高效用热（冷）热能管控平台热资源及热服务协同、一体化统筹管控，实现高效用热（冷）在新型后勤服务中的资源调配及协同运行。重点实施措施概括为：1+3+X。

建设 1 个平台：后勤服务一体化系统办公供热（冷）运维管控平台，实现热力分公司“技术 + 管理 + 平台”的专业化服务。构建 3 大业务功能：①进一步完善办公供热（冷）生产运行管理功能，满足办公供热（冷）运维服务质量提档升级的需求；②全面推进生产现场自动化采集，满足生产运行监控及按需节能精细化调控的需求；③构建“热管家”服务管理，满足持续打造“胜利热力”热（冷）运维服务品牌的需要。配套 X 个功能模块：主要包括独立站点实时数据采集调控模块、视频监控模块、办公区热平衡调控模块、中央空调能耗管控模块、生产调度一体化管理模块、供热（冷）质量决策分析模块、大屏集成展示模块、“热管家”服务管理模块等，通过各个模块的建设完善，最终实现后勤办公供热（冷）“智慧热力”建设。

在现有现场自控仪表设备建设的基础上，完善现场硬件基础配套，为上层应用提供稳定可靠的实时数据服务。主要包括：①配套完善独立站现场自控仪表及 PLC 自控系统建设；②完善独立站点现场视频监控系统，实现生产现场安防视频监控；③完善生产现场运营商生产专网建设部署；④继续开展独立办公区热力入口物理网阀及室温采集装置配套，深入开展独立矿区按需调控及区域供热平衡调控；⑤深入推进中央空调能耗管控及合同能源管理试点应用，实现节能增效双提升。

实现办公供热（冷）站点数据采集和监控：搭建数据采集监视控制系统（Supervisory Control And Data Acquisition，SCADA），实现站点数据实时采集及远程一体化调控运行。实现生产现场视频监控管理：继续推动油田办公区热力入口物联网调控阀安装部署，实现办公区热平衡调控。开展中央空调能耗管控试点改造及数据接入，实现中央空调办公区能耗管控。构建热（冷）资源一体化管控服务：①继续推进站点数据采集、物联网调控、空调管控等数据集中接入。②探索油田层面热资源高效调度管理，推进实施与热能管控平台的协同运行。开展供热质量决策分析：依托上述生产管理模块数据的共融、共享、共用，开展供热（冷）多维度大数据分析，实现供热（冷）全过程管理决策，辅助提出区域综合优化方案。

推进办公区热（冷）运维可视化监控大厅建设。①基于公共事业部油田新型后勤统一服务热线，结合工业用热“胜利热管家服务”构建高效用热（冷）用户服务平台及配套移动端，承接工业用热、办公用热（冷）一体化服务。②重构热管家服务模块，将侧重于用户接报的民用客服一体化系统，重构为侧重于“热管家”服务和用户自助服务的高效用热（冷）服务管理系统，形成完整的“管家式服务体系”。

通过推进供热（冷）站点及矿区生产现场自控系统提升改造、信息化生产运维服务管理体系构建、数字化“热管家”服务体系建设完善，实现“智慧热力”一体化管理平台构建，同时积极探索办公供热（冷）大数据决策分析、智能化运营管理，以及与油田高效用热热能管控平台的热资源及热服务协同、“高效用热”一体化统筹管控，达成智慧热力建设目标。进一步彰显高效用热（冷）专业化实力，提升用热（冷）满意度指数，使油田职工、生产单位充分享受专业化运维带来的舒适感与满意感。

第 8 章

新型后勤服务管理体系建设实践

8.1 实践举措

8.1.1 体制机制优化调整

油田统一的后勤服务内部市场初步形成，突出价值引领和市场导向，建立了服务标准体系、价格定额体系、费用结算体系、考核评价体系，形成较为完善的后勤服务管理制度保障。8 家服务协调机构、4 家专业化服务单位完成职能机构优化，充分发挥专业化服务力量的支撑作用，专业服务逐步承接到位，不断强化服务意识，提升服务质量，积极为主业单位排忧解难。

为便于服务基层，统筹服务资源优化、服务效能提升，因地制宜采取相对集中的方式开展服务承接工作。临盘、龙口边远独立矿区的后勤服务业务，物业服务由矿区物业服务直属单位承接，房产服务、食堂公寓和热力运维由相应协调站一体承接。城区范围内的后勤服务业务，即油田分公司、管理局有限公司各直属单位机关，以及周边集中连片的基层单位，房产服务由房产管理维修直属单位承接，食堂公寓、物业服务、热力运维由矿区物业服务直属单位统一承接。矿区物业服务直属单位负责签订服务合同、统筹服务资源，食堂公寓由机关管理服务直属单位运行，热力运维由热力分公司运行。矿区范围内的后勤服务业务，即城区以外的基层单位，食堂公寓、房产服务、物业服务、热力运维由机关管理服务直属单位统一承接。机关管理服务直属单位负责签订服务合同，统筹矿区物业服务直属单位、房产管理维修直属单位、热力分公司服务资源提供综合性服务。

分 7 个片区召开协调推进会，督导专业化服务单位与主业单位积极协调沟通，专业化服务基本承接到位，确保了后勤服务业务有序运行，如表 8-1-1 所示。

表 8-1-1 后勤服务承接运行情况

业 务	承接运行单位	承接数量	服务面积（服务人数）
矿区物业	矿区物业服务直属单位	56 个直属单位	734 万平方米
	机关管理服务直属单位	106 个独立矿区	305 万平方米
办公用房	房产管理维修直属单位	44 个直属单位	131.88 万平方米
	机关管理服务直属单位	106 个独立矿区	63 万平方米
	临盘服务协调站	16 个直属单位	14.72 万平方米
	龙口服务协调站	2 个直属单位	2.9 万平方米
食堂公寓	机关管理服务直属单位	170 座食堂	4.9 万人 / 天
		13 座公寓	1680 余人
	临盘服务协调站	26 座食堂	5400 人 / 天
		1 座公寓	50 人
	龙口服务协调站	2 座食堂	130 人 / 天
热力运维	热力分公司	48 个直属单位	178.46 万平方米
	机关管理服务直属单位	106 个独立矿区	53 万平方米
	临盘服务协调站	12 个直属单位	19.86 万平方米
	龙口服务协调站	2 个直属单位	2.7 万平方米

承接运行到位后，在房产维修维护方面，涉及房屋本体维修和安全隐患治理、设备设施更新、水电气讯等系统性维修改造提升，统一由房产管理维修直属单位负责实施，维修费用由房产服务承接单位支付。设备设施日常管理、维护维修由物业服务承接单位负责。在预算方面，按照分公司后勤服务业务成本预算下达情况，各单位专款专用，不得挪作他用。规范福利费使用，严禁随意调整、扩大误餐费使用范围，不得挤占、挪用误餐费预算。在服务标准方面，各直属单位一律执行油田下达的新就餐标准，物业服务执行不低于三级服务标准，并按此标准签订服务合同。在费用结算方面，服务合同中约定优质优价和考核评价机制，每月根据服务标准和服务质量考核情况据实结算。各直属单位后勤服务业务，自专业化服务合同签订之日起一律严禁发生外委支出。上述专业化服务单位作为经营单位考核。

8.1.2 后勤服务质效提升

各专业化单位不断强化服务意识，提升服务质量，积极为主业单位排忧解难，在构建新型后勤服务管理体系中展现了后勤服务担当，专业化服务力量的支撑保障作用得到充分发挥，专业化服务成效初步显现。矿区物业服务直属单位把基层一线作为体现管家式服务的主阵地，编制《可视化操作流程手册》，推行“现场写实”应用程序，开展评选样板、典型选树活动，多措并举强化质量提升，用热情与专业赢得广泛赞誉，收到主业单位送来的锦旗、感谢信等105件（次）。目前，矿区物业服务承接了室内保洁面积110万平方米，室外保洁面积322万平方米，绿化面积165万平方米；勘探院岩心库项目、供电分公司、石油开发等项目的开荒保洁，让办公区环境焕然一新，用暖心服务搭起共建桥梁，获得主业单位的高度评价。

机关管理服务直属单位紧跟团餐产业发展趋势，用革命化举措推动油田餐饮体系新变革，探索建立运行样板，初步构建起“直属单位餐厅+区域食堂+就餐点”三级运行模式，实现区域共享、就近就餐，保障主业能力有效提升。大力推行团餐工厂化、品控标准化、保障多元化、服务品牌化。①团餐工厂化。通过集中采购、工厂加工、统一配送的餐饮保障方式，实现从源头到输出的带量运行，做到“去厨师化”的生产制作，与传统厨房有着本质区别。②品控标准化。在中餐数字化的基础上，推进原料零件化、配方工艺化、执行标准化，把好采购、加工、存储、配餐、制作、留样等关键节点，确保绿色食材从田间地头到餐桌饭碗的全流程管控。③保障多元化。通过三级餐饮保障模式，以及创新冷鲜盒饭、鲜食料包等手段，形成集中加工、分散就餐的“一厨多点”服务模式，延长配送距离限制、降低人员技能需求。④服务品牌化：将“油的情怀”“家的味道”融入模式内涵，形成可复制、可推广、辨识度高、有影响力的胜利餐饮服务品牌。新型后勤服务模式下的食堂如图8–1–1所示。

目前，共签订服务合同252个，员工食堂由398个优化整合为198个、优化率50%；承接职工公寓15座，共有房间1094个；结算费用4.43亿元，食堂公寓用工总量由承接前的4300人优化到2066人，劳动生产率大幅提升，专业化优势初步显现。新餐标执行落地，实现就餐标准统一、服务更优，体现专业化服务优势，提升了基层员工的幸福指数。加快实施就餐刷脸设备和系统的上线运行，逐步实现全油田“一卡通行”。

人力资源盘活。油田自加快推进新型后勤服务管理体系以来，机关管理服务直属单位根据矿区生产特点，对基层食堂进行了区域优化整合，食堂总数从近400个减少至180多个。落实高质量发展要求，大力优化人力资源配置，食堂从业人员从3000多人减少至不足2000人，服务劳效提升40%以上。深度挖掘油田内部人力资源潜力，统筹推进大岗位建设，加大培训提升技能，扎实推进使用油田职工替代业务外委，目前盘活内部人力资源1630余人，比承接前降低外委费10%以上。

图 8–1–1　新型后勤服务模式下的食堂

成立胜利油田星厨联盟。胜利油田星厨联盟由含食堂餐饮业务的单位及从事餐饮业的经营管理者、行业高技能人才、服务人员自愿组成，是助力人才成长、联络沟通交流、传承创新推广、竞技切磋提升的平台，是开展厨师技能评星定级的承载主体。联盟以构建油田新型后勤服务管理体系为己任，秉承推动餐饮创新发展、弘扬餐饮文化的宗旨，共同促进餐饮服务技艺发展与推广，为油田高质量发展贡献力量。机关服务直属单位与胜大分公司在食材供应上的合作如图 8–1–2 所示。

房产管理维修直属单位创新建立实施“QHSE星级管理实施办法”，按照分类管控、分级管理的要求，对经营性房产逐一“地毯式”排查，建立房屋资产“一户一策”安全数据库，通过现场图片、数据资料对每户房产存在的风险、问题、隐患，制定整改措施和管控策略，跟踪治理。推行实施“一户一档一管家”的办公用房管理服务模式，为每一处办公用房建立“一户一档”，配备专业“房管家”，为主业单位提供精准优质服务，如图 8–1–3 所示。

图 8-1-2　机关服务直属单位与胜大分公司在食材供应上的合作

图 8-1-3　房产管理维修直属单位服务项目拓展

热力分公司依托“技术 + 管理 + 平台”专业化服务优势，推行“管家式、主动式、增值式、菜单式”四式服务，通过培训提升运维人员业务技能，保障办公供热（冷）服务质量和舒适性。积极推进设备设施及场所环境的隐患治理和基础设施提升改造，助推油田高效安全用热。进一步加强热（冷）资源的统筹管理和高效利用，以冷热资源平台化、市场化、技术化、集约化、专业化管理为依托，先行在纯梁采油厂、胜利采油厂试点开展示范区建设，扩大运维效益，打造出规范化、标准化的运维管理样板。

按照“由点及面、由易到难”的原则，逐步全面接管纯梁采油厂、胜利采油厂用热运维管理业务，积极开发在建的河口采油厂陈 42 等新项目，高效保障油气开发用能需求，助力油田绿色低碳高质量发展。目前，热力服务承接了 48 个单位、178 万平方米的办公供热（冷）运维业务，投入服务管家 660 人，累计处理报修 847 单，综合满意率 98.5%，服务质效显著提升。

区分企业服务员工事项和社会化公共服务事项，设立了 14 个员工服务大厅和 2 个受理点，按照政策明确、标准统一、面向员工、普惠服务的标准，包括住房公积金、员工权益保障、补充医疗保险、员工诉求、计划生育等 87 项企业服务员工事项进驻各员工服务大厅，实现了“就近办、一站办”。加大窗口工作人员综合业务能力培训力度，目前 30% 窗口达到“一窗受理”的能力。不断优化完善服务平台建设管理运行机制，出台《胜利油田关心关爱员工服务管理暂行办法》，围绕实现优质、高效、便捷服务的目标，统筹线上和线下、服务质效、硬件和软件建设等工作，不断提升职工群众的获得感、幸福感、安全感。

不断加大信息化支撑力度，提升了业务办理便捷度，73 项服务实现了“一网办、掌上办”，从全年数据来看，线上办理占比超过 52%，信息化手段为平台建设发挥了重要支撑作用，如图 8–1–4 所示。2022 年员工使用住房公积金 46.36 亿元，累计服务员工 55 万人次，服务满意率达 95% 以上，实现零投诉，如图 8–1–5 所示。

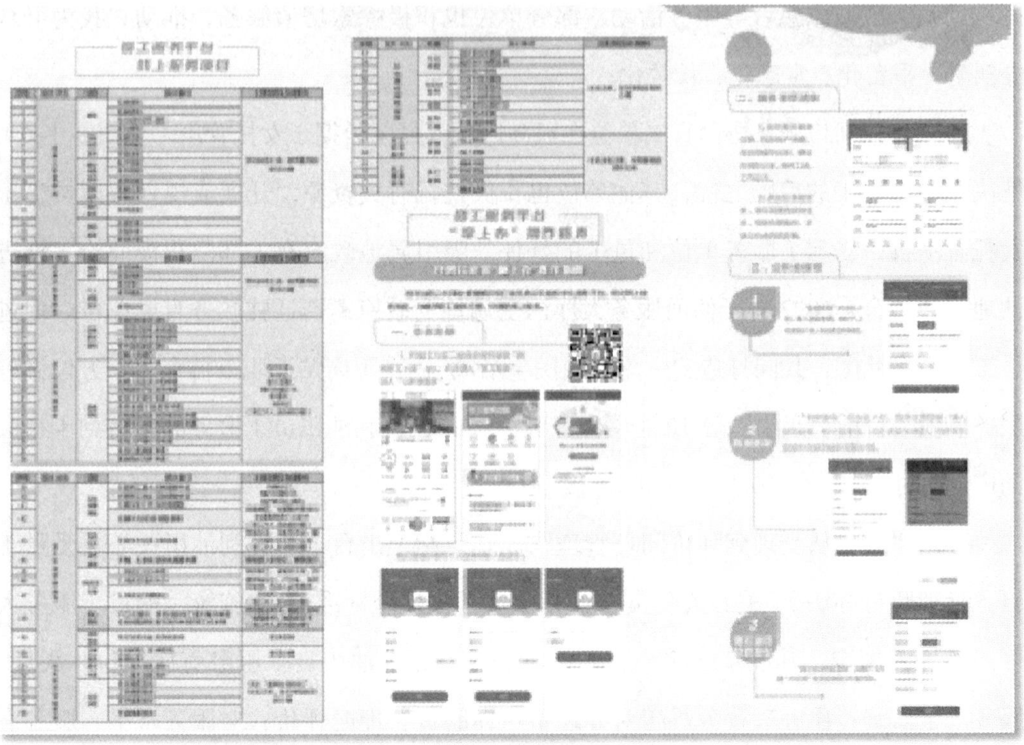

图 8-1-4　员工服务大厅服务项目

图 8–1–5　胜利油田住房公积金贷款速算

积极引导靠前服务、多样化服务，各服务单位普遍开展了区域文体、区域健康、区域助残、区域志愿者等服务活动，部分单位也积极探索增值服务，推动“我为群众办实事”平台化、常态化、长效化。

2022 年，河口服务协调直属单位在孤岛区域开办了暑期子女托管班（见图 8–1–6），解决了油田职工的后顾之忧，其他单位也积极挖掘有关资源，开展或规划假期员工子女托管项目，受到了服务单位和员工的好评。吸引属地政府有关部门积极商洽、推进油地服务融合，2022 年，仙河服务大厅已受属地与政府邀请迁驻政务直属单位。促进员工服务进社区，共同打造“一刻钟便民生活圈”，零距离贴近职工群众，全方位做好服务事项，目前辛兴小区等 12 个网点已投入运行，胜利油田员工服务品牌得到了社会的广泛认可。

按照“实现从受理到评价闭环管理”原则，制定出台了《胜利油田关心关爱员工服务管理暂行办法》《关心关爱员工服务质量考核评分标准》，实施统一的员工服务大厅工作管理规定，开展年度综合服务考核工作。完善油田员工服务直属单位（大厅）服务质量监督，由办理业务员工对办理事项体验进行即时评价，对服务水平、服务态度等方面存在的问题提出建议，实现现场服务“一次一评”。评价结果作为综合评价的重要依据，纳入绩效考评，以此督促各服务大厅根据服务不满意事项及时改进，持续提升服务质量。2022 年 5 月，该系统在油田各服务大厅全部上线运行。开通油田员工服务监督电话，主要受理员工群众对油田员工服务直属单位各区域大厅服务质量的有关投诉、批评、意见和建议，以及对办理业务中遇到的困难和问题予以协调解决。

图 8-1-6 河口服务协调直属单位暑期子女托管班

8.1.3 油地融合深入推进

在办社会职能分离移交中，油田以“协调政府、联系居民、监督服务”为宗旨，创新完善油地联席会议、人才交流、一体化运行等服务协调机制，推动一批重点事项落实，配合政府做好移交业务接续运行，让移交小区居民享受到更高质量的公共服务。

东营市先后承接油田小区 175 个、市政设施 678 项、医疗机构 69 所、学前教育机构 62 所，并继续做好油田办社会职能移交“后半篇文章”，为 18.25 万套油田职工住房办理不动产证，接收油田退休人员 13.4 万人，整建制接收老年党支部 531 个，老党员 3.2 万人，油田职工家属获得感、归属感不断增强。

2021 年 5 月，全国国有企业生活区单位制向社区制转型观摩推进会在东营召开，向全国推广油地合作探索社区管理职能移交的成功经验。东营市“六维双向融合，油地共建共享，创新打造社区治理共同体”成功入选民政部“2021 年度全国基层治理创新典型案例”，成为山东省两个入选的案例之一。

社会职能分离移交后，油地密切协同配合，紧紧围绕打造和谐共赢新型油地关系全国样板的目标定位，深入实施融合发展战略，签订油地融合发展框架协议，在党建融合发展、油地科技共享、绿色低碳发展、资源高效利用、城市片区更新、社会治理优化提升和干部人才交流等方面推进深度融合。全市各级各部门（单位）对“油地融合发展”愈加重视，油地各个层面联络对接明显增多、沟通交流更加顺畅。油地双方各层面挂职兼职干部达 118 人。油地双方首次探索开展联合示范培训，60 名油地干部共聚一堂，增强共识。

2022 年以来，东营区启动了 3 所中小学拆除重建和 31 所中小学、幼儿园办学条件提升，实施了胜利二小、胜利五十八中、胜利十一中、石大附中、青山小学等 5 所中小学改扩新建，顺利启用行知实验学校。整合 8 家油地医疗机构成立了区直属单位医院、区中医院、区妇幼保健院，启动了 5 家医院改造提升。胜利二小改扩建效果如图 8–1–7 所示。

图 8–1–7　胜利二小改扩建效果

河口服务协调直属单位全面融入河口区“绿满河口”三年提升行动，先后配合政府承办了东营园艺修剪技能大赛、东营市首届绿化职业技能大赛，油田选派的技术骨干代表河口区获得了团体第一名的好成绩。港区服务协调直属单位搭建东营港区域政、企、民油地融合协调平台，让融合协调工作更深、更快、更高效、更融洽。

8.2 特色亮点做法

（1）构建“三更”运行模式，保障机关服务高效运行

立足“管理、保障、服务”三项职责，对标一流机关服务标准，全面提升服务质量和服务效率，打造绿色、高效、节约的优质服务品牌。加强管理，实现运行更高效。借鉴地方机关事务局先进经验，优化服务流程，提升服务质量，编制《机关服务手册》，开通“一号通”“掌上办”，设施报修、饮用水报送、访客预约等事项便捷高效。准确理解和把握机关事务管理内涵，实施门禁系统升级，高质量做好物资代购配送、环卫绿化服务，以“零打扰”模式开展设备设施维修，全面提升运行效率。完善举措，推进服务更优质。抓好食堂管理，形成“标准菜品＋特色明档”运行模式，合理膳食搭配，丰富品种花样，为机关工作人员提供丰富、可口、健康的餐饮。推进快递小屋、温馨洗车服务，在胜利员工e家App平台开通“机关服务管家”，建立服务问效制度，落实以服务对象满意为导向的监督评价机制，不断提升服务满意度。强化责任，做到保障更有力。推行以“标准化门岗、规范化执勤”为内容的精细化管理方式，针对不同时间节点、不同任务要求，通过桌面推演、夜间班组轮练、联合演练等方式，积极做好防恐预案、群体性上访、特殊时期疫情防控等方面的应急演练，不断提升安保应急维稳处突队伍的快速反应和整体作战能力。

（2）实施“N–1”价值引领机制，严格机关服务成本管控

找准职能定位、优化经营机制、推进攻坚创效，努力以占用更少的资源创造更大的价值。①物资采购“N–1”。以集成优化高效为原则，将分散在不同服务单元的物资采购职能权限予以整合，成立配送服务部统一负责物资的集中谈判、招投标、配送，统筹对比市场运行情况，提前研判分析价格走势，做到“同等质量看价格，同等价格看质量”。②成本运行“N–1”。贯彻落实习近平总书记“厉行节约、反对浪费”重要指示精神，严格食材成本使用管控。绘制每天用餐人数曲线，合理预估用餐人数，如估算500人就餐则按照400人份数进行准备，根据人数变化“炒小锅菜”补足余量，有效杜绝舌尖上的浪费、守护餐桌上的文明。加强能耗管控，制定管网优化方案，推广设备设施节电、节水改造，优先采购节能环保和可再生办公耗材，有效降低能源消耗。

③运营模式“N−1”。突出依法合规导向，按照业务流、管理流、监督流优化体制机制，推进职能优化，减少机关部门和基层班组设置，编制修订 60 项工作制度，优化 153 项工作流程，将原有的 11 个工种融合为健康营养师、运行保障岗（办公）、运行保障岗（生活）3 个大岗位，构建起“机构精简、人员精干、管理高效”的“N−1”专业化运营模式。

（3）找准角色定位，把好机关疫情防控关口

针对管理公共服务场所多、人员流动量大的实际，视疫情为命令、视防控为责任，完善预案，细化措施，全力守护员工生命健康安全。①当好“守门人”，筑好“防火墙”。全面落实油田机关疫情防控期间门禁管理规定，实行双岗执勤、人车分流，对车辆人员实施身份核验、体温测量、查验行程卡、健康码“四道关”。积极配合做好机关大院办公人员的核酸检测工作，迅速落实疫情防控场所码新要求，每天落实 4200 余人次、1500 余台次人员和车辆的登记查验，有力守好油田机关防控阵地。②当好“引导员”，筑起“隔离带”。发起“守护健康、文明用餐”行动倡议，各餐厅实行分时错峰就餐，合理延长供餐时间，尽量缓解高峰期，减少排队等待。引导选餐取餐全程佩戴口罩，遵守 1 米间隔线有序排队，就餐时同向就座，减少用餐过程中的交流。严格执行每天 3 次的消杀工作，做好对餐具的高温消毒工作，切实做到服务不断档、保障不缺位、防控不停懈。③当好“勤务兵”，筑牢“保障网”。严格把关食材进货渠道，加强索证索票管理，把任务分配到岗、责任压实到人，确保来源可溯、风险可控。积极与物资管理配送直属单位沟通防疫物资采配时间，优化调拨机制，保障防疫物资。办公场所每日自然通风，对收发室、会议室等进行光照消杀，对门禁按钮、门把手、水龙头等部位进行酒精擦拭消毒，不留死角、漏洞、盲区。

以资源优化提质增效为核心，以区域资源价值最大化为目标，以集中化办公和集约化用地为抓手，一体化推进矿区资产资源优化和改造提升工作，推动基层班站生活功能向管理区聚集，推动资源集中利用、集约经营，效率效益明显提高，矿区整体面貌、员工办公生活环境显著改善，公有房屋管理更加规范，安全隐患得到有效治理，受到了基层单位和一线员工的广泛赞誉。做优规划设计方案，创新规划思路，突出资源集中、集约、共享理念，坚持全要素整合优化、全方位质量提升。

（4）矿区物业服务更全面

矿区物业服务中心承接了110万平方米室内保洁、322万平方米室外保洁、165万平方米绿化，着力打造绿色舒适的办公物业环境，厂容厂貌得到大幅提升；房产管理服务中心负责经营性用房1334栋、142万平方米，承接了1782栋、192万平方米办公房产，2021年房产出租率同比由83%提高到95%，清理、盘活闲置房产创效1960余万元，合同履约率100%，房屋年度租金额达1.26亿元；油田通过机关管理服务直属单位，对散布在各直属单位的近400家员工食堂进行专业化重构，优化整合为180多家，以中央厨房建设为重点，构建“央厨工厂＋区域食堂＋就餐网点”的服务网络，推动油田餐饮由传统手工业向工业化生产、产业化运营、社会化创效、品牌化服务和信息化支撑转型升级，提高生产效率、降低生产成本、提升服务能力，对新型后勤业务产业化发展起到示范作用。

（5）房屋维修更及时

零星维修，随报随修。针对办公用房维修中不需要维修资质的维修抢修项目，均作为零星维修项目对待，参照物业维修模式运行，加快维修响应速度，随有随修、随报随修。管理部组建维修班，与劳务公司签订劳务合同，作为零星维修和紧急抢修的劳务人员，所需维修材料按照有关规定从供应处事先采购备足，同时直属单位给每个管理部批复自采额度，随用随采，确保零星维修和应急性抢修特殊材料供应及时到位，快速处置维修事项，使主业单位满意，解决服务及时率和满意率问题。

维修项目有序实施。针对非应急和非零星维修项目，管理部加强与主业单位的联系沟通，通过日常巡视、通信网络、走访座谈、专题会议等方式，保持畅通的联系渠道和信息的绝对对称。管理部按照每个主业单位建立独立的维修项目台账，并与主业单位充分交换意见，制定切实可行的维修先后顺序，明确落实各项目的拟开工时间和施工工期，房管部按照拟定的开工时间积极行动，提前报批开工手续，做足各项准备工作，严格按照约定的开工时间施工，保障开工的及时性和主业单位的满意度。

建立维修激励机制。加强管理部与维修部的机制联动，对于管理部与主业单位确定维修的工程项目，管理部及时在市场平台发单，维修部实行抢单制，充分调动维修部的主动性和积极性。研究制定维修部绩效考核制度，管理部每季度按照维修的工作量、工程质量、响应速度、安全管理、投诉数量及主业单位的满意度进行考核，直属单位按照考核结果给维修部发放绩效工资，从而调动、激发维修部在办公用房维修业务中主动抢单、主动提效、主动服务和多劳多得的主动意识和工作干劲，逐步提升维修部抢市场、创效益的意识和主动性。

办公用房维修服务的运行，对房产管理直属单位是一项全新和具有挑战性的工作，在没有以往管理经验的情况下，直属单位积极探索、拓展思路，成立了办公用房服务提升课题研究专班，针对目前管理服务中存在的迫切需要解决的问题，设立了5个专项课题研究组，分别在管理服务提升、维修技术创新、信息化管理提升、质量安全管控、服务费用管理方面进行研究，从而实现沟通畅通、信息共享、技术先进、高效安全的管理服务目标，通过理论与实践相结合，取长补短，完善优化，全面提升房产管理服务的工作质量和主业单位的满意度。

（6）热力运维更温暖

加强主动服务意识，助力油田新型后勤服务体系建设。公司热（冷）运维管家主动上门，亮明身份，检查供热（冷）情况，确保全覆盖，通过系统排气、污垢冲洗、水力平衡调节、负荷调控等专业化服务，保证主业单位办公区域室内温度达标，员工满意，持续助力油田新型后勤服务体系建设。

强化办公区“双重”预防机制建设。加大对办公区供热（冷）设备设施隐患排查及治理力度，对“立查立改”类隐患要做到及时消缺，确保人员及设备安全受控，对暂时不能整改的安全隐患，在做好风险管控措施后，书面告知主业单位，同时上报油田相关部门，多措并举，协调改造资金。不断完善现场应急处置措施，加强运维管家应急处置能力演练及培训，确保承接办公区域供热（冷）服务平稳运行。

提升办公运维管家服务素能，加大服务深度。针对不同区域管家的岗位职责、业务流程、设备操作和素质能力等实际要求，结合区域特点，采取集中讲解、现场实训、情景模拟、标准提升、实地检验考核等培训考核方式，持续增强热（冷）运维管家服务素能，为满足主业单位个性化服务需求和延伸“减外委增自营”建设作出热力贡献。

加快“智慧热力”建设，助力信息化平台升级。依托油田新型后期服务体系信息化建设，完善油田办公区独立热（冷）源站点自控系统，充分发挥热能表、物联网阀等新技术、新设备作用，实现热（冷）源站、管网、单体楼的“智能化”调控，助力后勤服务体系建设提质增效。

加强办公运维服务内部考核机制。进一步规范办公区供热（冷）服务标准及考核办法，将生产技术直属单位作为公司服务监督考核单位，每月采取“四不两直”方式对办公区服务质量进行督导检查和回访，对督导情况每月公示并考核。

（7）员工服务更优质

油田职工群众享受利民政策的渠道更加畅通、惠民措施更加深得人心。扩大油田医保覆盖范围、优化简化服务流程，油田职工定点医疗机构数量不断增多，省内就医住院实现“一卡通”联网结算，看病就医更方便、更便宜；油田职工工伤认定、劳动能力鉴定及待遇领取实行独立归口办理，避免了油田、地方两头跑。公共服务均等化措施取得积极进展，计生管理服务属地化工作基本到位，惠及1.9万余人，低保特困、残疾人、原农村代课教师待遇落实等事项进入准备阶段。职工住房历史问题得到解决，完成不动产证办理近20万张。关心关爱员工服务水平持续提升。实现87项服务员工事项就近办、一站办，73项实现网上办、掌上办，累计服务员工46万人次，服务满意率超95%，员工群众的满意度和幸福感、获得感不断提升。

（8）油地融合更紧密

油地党建共建引领油地融合，在更大平台、更深层次、更广范围上实现资源优化配置。在抗击新冠疫情斗争中，油地携手扛牢压实防控责任，建立联防联控机制，统筹油田内部资源力量，累计协调派出3.67万人次医护人员、网格员、志愿者，奋战在核酸采样、社区防控、秩序维护工作一线，全面筑牢疫情防控屏障，实现疫情防控与生产经营两不误、双推进，取得了疫情防控重大决定性胜利。油田通过剥离办社会职能，共向地方移交办社会资产净值达72.35亿元，增强了地方政府的资源调配能力和基本公共服务保障能力，东营市完成油田机关所处直属单位城区“两河”及内水系环境综合治理等重点项目，建成首批国际湿地城市和国家生态园林城市。投资43.35亿元完成油田移交公园、道路等市政设施改造提升，投资109.03亿元实施城市品质提升工程，城市更加宜居宜业。统筹油地教育资源布局，投资4.88亿元实施油田移交学校改造，充实教师队伍，融合招生平稳有序开展，教育教学质量迈上更高台阶。整合优化油地优质医疗卫生资源，投资 2.48 亿元实施油田移交医疗机构改造，投资 13 亿元建设市传染病医院、市中医院、市精神卫生直属单位，投资 12 亿元为油田直属单位医院建设门（急）诊综合楼，直属单位医院新增 9 个省级医疗重点专科，区域医疗服务能力大幅提升，油田员工对高质量社会服务的期盼逐步变为现实。

8.3 实践效果

（1）突出价值引领，后勤服务市场化运营体系初步完善

坚持价值化引领，三个层面的市场化运营格局基本建成。一是油田层面，油田分公司与管理局有限公司签订框架协议，将公有房产管理维修，员工食堂、公寓服务，办公区物业服务，热力运维等业务委托管理局有限公司统一运营，配套制定了矿区物业服务、房屋维修等 6 大类 32 项的五级定额标准和办公区保洁、食堂服务等 9 项服务标准，夯实后勤服务市场化运营制度保障，建成了油田统一的后勤服务内部市场。二是直属单位层面，城区范围内，即油田分公司、管理局有限公司各直属单位机关，以及周边集中连片的基层单位的后勤服务业务，除房产服务直接与房产管理维修直属单位签订服务合同，食堂公寓、物业服务、热力运维均由主业单位与矿区物业服务直属单位签订服务合同，统筹服务资源，食堂公寓由机关管理服务直属单位运行，热力运维由热力分公司运行。矿区范围内，即城区以外的基层单位的后勤服务业务，包括食堂公寓、房产服务、物业服务、热力运维等均由主业单位与机关管理服务直属单位签订服务合同，统筹矿区物业服务直属单位、房产管理维修直属单位、热力分公司服务资源，提供综合性服务。对临盘、龙口边远独立矿区的后勤服务业务，物业服务由主业单位与矿区物业服务直属单位签订服务合同，房产服务、食堂公寓和热力运维由主业单位与相应协调站签订服务合同。服务合同中约定优质优价和考核评价机制，每月由主业单位根据服务标准和服务质量考核情况进行据实结算。2023 年上半年，主业单位与后勤服务单位合同签订工作全部完成，累计签订合同金额达 8.01 亿元，累计结算额 1.86 亿元。三是对移交地方的“三供一业”及幼教、医疗卫生等业务，由相关单位与地方对口签订劳务合同，通过发挥管理、技术、人才、品牌优势，实现服务创收。2023 年上半年，移交单位外闯市场累计输出 1865 人，合同额 8364 万元，结算额 3526 万元。

（2）突出提质提效，矿区集约化改造提升成效明显

锚定“三提一控一降”总要求，立足最大限度盘活现有资产资源，以土地、房产为重点，油田矿区资产资源优化和改造提升项目部及各直属单位按照油田领导办公会要求，在更宽领域、更大范围、更深层次实施全要素资产资源优化，提高集约化管理水平。按照经济、适用、简约、整洁的标准要求，本着绿色发展、消除隐患、适应智慧油田建设需求、提高片区职工生产生活环境的设计理念，一体推进片区房屋本体、场地、电气、水暖、信息化、绿化等配套设施改造提升，对长期留用的、人员集中的办公楼进行外墙保温，对城镇油田驻地主要建筑进行亮化，改善办公、生活条件，提升矿区面貌，促进城区油田生产一线站点与城市景观相协调，让外围矿区环境变为区域亮点。改造提升过程中，项目部坚持统筹谋划，加强项目调研论证，确保设计施工“高质量”；坚持系统集成，加强项目运行衔接，创出施工建设“加速度”；坚持市场导向，创新项目管理方式，推进项目建造“低成本”；坚持底线思维，加强工程风险防控，确保建设过程“零风险”，努力把资产资源优化改造提升项目打造成精品工程、样板工程，已完成优化改造提升的 12 个片区，办公、生活条件得到明显改善，城区油田生产站点与城市景观更加协调，外围矿区环境成为区域亮点，矿区生产办公资产资源利用率偏低、功能不完善、布局不合理、基础设施老化等问题得到一定改善，为油田构建新型后勤服务管理体系、实现高质量发展提供坚实的后勤保障、硬支撑。截至 2023 年上半年，已向油田汇报并通过 18 个片（区）域规划提升方案，根据区域整体提升方案测算统计，胜采、纯梁、东辛、滨南、临盘、河口、港区、孤岛区域房屋拆除总计 99.65 万平方米，拆除比例 60%，腾退土地总计 1.17 万亩，腾退比例 65%，降低维修费、土地使用税等费用 6.5 亿元 / 年，新规划油井及光伏发电创效 1.5 亿元 / 年。

（3）突出服务为本，开放式服务赢得赞许

后勤服务与员工群众生活紧密相关，后勤服务质量就是员工幸福指数的直观体现。各服务协调单位把员工服务作为主业主责、核心业务来抓，在健全服务机制上用心，在完善服务细节上用情，在改善服务环境上用力，通过集成优化、专业协同工会、住

房公积金、补充医疗保险、健康管理、员工诉求等管理资源，制定大厅服务标准、服务满意率评估考核办法，强化即时评价、开通油田员工服务监督电话等措施，按照政策明确、标准统一、面向员工、普惠服务的标准，13 个员工服务大厅和 2 个服务受理点全部投入运行，实现了 87 项企业服务员工事项就近办，逐步实现“一窗受理、一站通办”，区域员工服务格局基本形成。机关管理服务直属单位加快区域性食堂公寓建设，推行“堂食＋配餐”“自助＋特色档口”服务模式，推进开放性食堂建设，全面提升资源使用效率和团餐保障能力，专业化餐饮服务得到干部员工的普遍好评。矿区物业服务直属单位以甲方满意为目标，将甲方评价作为服务质量考核的核心指标，编制服务可视化流程手册，推进标准落实落地，着力打造绿色舒适的办公物业环境，获得主业单位的高度评价。

（4）突出资源优化，油田整体效益迈向最大化

矿区资产资源得到系统优化。充分挖掘闲置资产资源的潜在价值，遵循非必要不保留原则，强化统筹管理、集约经营、资源共享、高效利用，有效改变了油田单位后勤资产资源分布零散的局面，矿区内单位办公、生活场所更加聚集，原在管理区单独设置的化验室、党建活动室等，提级为以采油厂为单元设置，带动了油田化验室、党建活动室的共享和重新定位，推动了公寓、食堂、办公用房、活动场地等打破单位壁垒，实现区域共享，减少人员配备，提高资源利用率。区域信息直属单位的设立实现区域信息共享，为信息一卡通、通勤班车公交模式定时发车提供了支撑。勘探开发研究院等 39 家单位的食堂业务，纳入机关管理服务直属单位统一管理，对油田减少外雇外委费用、实现降本减费和油田整体效益最大化产生显著作用。公房运营管理持续规范，2021 年房产出租率同比由 83% 提高到 95%，清理、盘活闲置房产创效 1960 余万元，合同履约率达 100%，房屋年度租金额达 1.26 亿元。

（5）人力资源盘活机制更加完善高效

通过构建新型后勤服务管理体系，将原来分散在各单位的矿区维修、热力、物业、餐饮及公寓等在内的专业技术人才，进行专业化集成整合，充分发挥油田多年积累的房屋维修、物业服务、热力运维、食堂管理、公寓服务等专业力量的作用，形成了油田抓总、区域协调、专业服务的格局，为人才、管理、品牌等优势资源实现价值最大化奠定了坚实基础。按照人随业务走和个人自愿原则，主业单位后勤服务人员可随业务调入专业化服务单位，也可以劳务输出方式充实到专业化服务单位从事相应岗位工作。同时畅通人才成长通道，规范管理岗位设置，合理设置专业技术岗位，保障了人才成长空间。截至 2023 年 6 月底，从主业单位调入专业化服务单位 252 名管理人员和业务骨干，主业单位输出到专业化服务单位 1291 名员工；移交单位从事三大平台、办公物业、供热运维、用房服务以及食堂公寓等 2837 人，合同额 3.2 亿元，结算额 0.65 亿元。

推动以采油管理区为单元的片区优化提升向以采油厂为单元的油区和以县域为单元的行政区优化提升拓展延伸，推动以解决现实突出矛盾为主的优化提升向统筹发展方向、达成规划目标优化提升拓展延伸，推动以房屋土地资源优化和专业服务、共享资源、集约管理为主的优化提升向统筹生产组织方式变革、智能油田建设、倒班作息制度创新优化提升拓展延伸，推动由业务部门主导的优化提升向各方参与、良性互动、全力攻坚的优化提升拓展延伸。

按照已审定的区域资源优化方案统计，改造完成后可盘活土地 16388 亩，占比 62%；腾退房屋面积 189.9 万平方米，占比 58%。目前已完成的 37 个片区释放土地 1643 亩，占比 57%，腾退房屋面积 18.2 万平方米，占比 55%，年节约土地使用税、运行费用和房屋维修费共计约 6300 万元。推进区域食堂、公寓集约化管理，员工食堂由 382 家优化整合到 184 家，设立区域共享员工公寓 15 家，资源利用效率显著提高。

配合城市更新改造。地方政府收储土地 1039.54 亩，已签署协议明确的补偿费用 29291 万元。其中，东辛采油厂 758.74 亩，补偿费用 23611 万元。胜利采油厂 118 亩，补偿费用 3027 万元。油气井下东辛作业区地上附着物补偿费用 2653 万元。油气井下东辛作业区 162.8 亩，收储土地正在进行评估，预计补偿费用 2442 万元（未计入总额）。通过资源优化整合，完成以上单位搬迁安置工作。

助力油田绿色低碳发展。在方案设计中，注重太阳能、地热、空气源等清洁能源的应用，依托矿区优化释放土地 368 亩，建设光伏发电项目 9 个，项目批复总容量 18.4 兆瓦。目前，已完工装机 12.1 兆瓦，年创效 720 万元。其中，孤东采油厂通过优化盘活土地 28 万平方米，建成的光伏电场年发电能力 2571 万千瓦时，年碳减排 2.68 万吨。大红门光伏示范区如图 8-3-1 所示。

图 8-3-1　大红门光伏示范区

推行标准化设计。组织编制油田矿区优化提升项目设计技术标准体系和标准图册，对建筑及室外配套、设备材料等方面的设计标准进行约定，推行办公室、会议室、公寓、餐厅标准化、模块化设计，从更精准、更细微处入手，从源头解决安全问题。对基层单位进行文化营造，统一规范标识，凸显油味文化理念。

加强组织实施。根据工作需要，组织成立片区工作组 15 个，编制了《高效推进矿区改造工程实施办法（试行）》，重点对 6 个方面 21 条内容进行规范。实施挂图作战模式，编制完善进度、安全、质量、材料 4 张计划图，建立“日运行、周调度”工作机制，协调解决影响施工进度等方面问题。实行“红、黄”预警，确保各项目按计划、按目标、按要求推进。实施“样板先行”，用成熟样板引导施工，打造标准化工地样板和标准化质量样板，通过样板间引路先行，总工期缩短 20% 以上。推行规模化采购，探索集中、集合、规模采购的运作模式，引入生产商直供机制，开展了复合木地板、硅钙板、竹木纤维板、检查井等专项招标，节省材料成本约 20%。

推行“五化”建设模式。在项目实施过程中，针对材料、设备、工艺特点，积极推行“五化”建设模式，钢结构楼梯采用工厂化预制，纤维板墙面采用模块化施工，举升机代替吊篮高空作业，提高机械化作业率，利用无人机进行现场勘查，采用建筑信息模型（Building Information Modeling，BIM）技术进行管线综合布置，提升了信息化管理水平，加快了施工进度，提高了工程质量。

消除安全隐患。油田大部分房屋建设于20世纪70—90年代，结构、消防、用电安全隐患较多，项目部针对此类项目进行专题研究，制定整改措施，消除隐患865项。推进技术创新，开展“四新”技术研究与应用26项，探索使用乙烯酰胺防水材料有效解决墙面返碱问题，减少房屋拆除量15%，提高施工效率；既有卫生间瓷砖墙面采用丙烯酸防水乳胶漆，避免墙体结构破坏，减少建筑垃圾，降低造价40%，如图8-3-2所示。

图8-3-2 建筑物维修

完善相关规章制度，在结合集团公司、油田制度的基础上，根据矿区改造工程特点制定印发《矿区资产资源优化和改造提升项目实施考核办法》《矿区维修改造物资供应管理规定》《油田矿区资产资源优化和改造提升项目承包商QHSE管理实施细则（试行）》等13项管理制度（文件），规范了项目运行。强化QHSE管理，自开工以来，连续安全人工时达345万个。编制21条矿区改造项目安全环保风险清单，每周组织QHSE案例讲评，共查处各类QHSE问题956项，对8家单位进行经济责任追究共计62.1万元。组织12个单位开展5个回归溯源分析。

开展过程跟踪审计，在项目运行过程中，开展自查自改工作，同时油田派驻工作组跟踪审计，对发现问题及时整改，保证项目依法合规运行。开展项目“后评估”，委托经济开发研究院对已完成矿区维修项目进行综合评估，从工程量、资金量、经济性、合规性、满意度等方面，通过查阅资料、访谈及问卷调查、现场调研等方式进行评价，评估报告已经进入编制阶段。

项目后评估访谈及问卷调查。组织项目“回头看”，建立阶段性“回头看”机制，定期对实施项目的效益效果、符合率、规划设计、工程运行、QHSE 管控、验收结算等方面开展再反思、再总结，对正在实施项目和未开工项目进行再评估、再优化。

后勤服务一体化统筹管理机制基本建立。突出价值引领和市场导向的后勤服务内部市场初步建成，建立服务标准、价格定额、费用结算、考核评价 4 个体系，完善办公物业、供热运维、食堂、公寓、办公用房 5 大类 9 项服务标准和 10 项价格定额标准，形成较为完善的后勤服务管理制度。突出"服务满意度 + 工作质量"，制定实施《胜利油田后勤服务质量考核办法》，确立了资源优化、工程质量、服务满意度、投诉率等量化考核指标。在油田组织的由 581 家驻区单位和 5.7 万人次参与的 2022 年度后勤服务质量考核中，12 家后勤服务单位服务满意度均超过 94%，整体处于较高水平（图 8-3-3）。

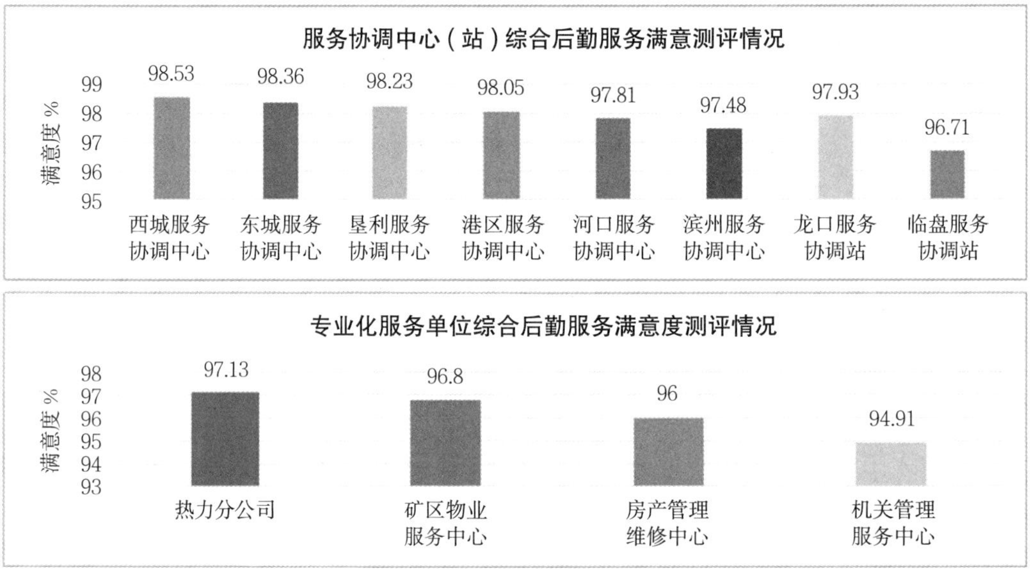

图 8-3-3　满意度测评结果统计

矿区改造提升效果明显。编制完成以采油厂为单元的区域资源优化整体方案，一体推进片区房屋本体、场地、电气、水暖、信息化、绿化等配套设施改造提升，盘活土地 16607 亩、占比 61.4%，腾退房屋 113.9 万平方米、占比 60.2%，降低维修费、土地使用税等 6.5 亿元 / 年，新规划油井及光伏发电创效 1.5 亿元 / 年。矿区优化改造推动基层班站生活功能向管理区聚集，实现资源集中利用、集约经营，效率效益明显提高，矿区一线办公环境、生活条件得到显著改善，党建活动室、公寓、食堂、办公用房、活动场地等打破单位壁垒，实现区域共享；供热、制冷、直饮水、暖水宝等生活设施一应俱全，安全隐患得到有效治理，受到基层单位和一线员工广泛赞誉。

第9章

结论与展望

今后一段时期，坚持市场化、社会化、专业化方向，明确行业一流、系统领先目标追求，突出问题导向、目标导向、需求导向，进一步树立大后勤、大资源、大保障理念，坚持以服务为本，聚焦价值引领，推进资源优化，完善运行机制，稳中求进、进中提质，全面提升服务质效，着力推动新型后勤服务管理体系更加完善、更加成熟、更加定型，不断增强服务主业发展、服务基层一线、服务员工群众的能力，全面提高油区生产办公配套、矿区美好生活品质，为油田高质量发展提供坚强后勤保障。

认识是行动的先导，围绕功能定位、发展方向、价值引领、服务意识、专业服务、增值服务、品牌建设、资源优化、人才培养、安全健康10个方面，共同梳理提炼了需要树立的新理念和需要摒弃的旧观念，进一步明确了油田后勤系统的发展方向和重点举措，以理念之光照亮奋斗之路，引导系统内广大干部员工思想同频、行动同步、落实同向。

（1）突出优质高效，着力提升员工服务水平

提升服务质效是核心，从前从生活后勤向生产后勤转变，无论是主业单位，还是员工群众，都双手称赞。目前，我们所做的工作已经初见成效，主业单位从一开始依靠油田层面硬往下推，到现在主动地去结合，后勤服务的业务工作量从去年来看有了大幅度的提升，员工群众对服务的满意度也提升得非常快，和去年相比，满意度均在90%以上，有的甚至到了99%，而在前一年的时候还是比较低的。所以说，我们转型的方向没有问题，只要主业单位欢迎，员工群众满意度提高，做这事就是对的。

通过发挥三个平台作用，稳住队伍，凝聚力量，做好服务。三个平台不是按一个完全等比例系数去安排，员工服务是服务协调直属单位主责主业。油地融合平台，主要立足于分离移交后，我们实现了交得出、接得住、可持续、更美好。但还面临很多需要协调的事情，比如防汛、疫情防控等，同时协调畅通也是双向的，因为我们要融入属地管理，所以属地的一些要求也要满足，现在油地关系是史上最好阶段，双方的矛盾沟通解决非常顺畅。就目前来看，这个平台工作量虽然不是很大，但还是很有必要的。

矿区后勤服务平台、矿区资源优化平台，从公司的体制机制来讲，还需要进一步细化，包括主业单位和一些专业化单位思想观念还需要进一步改变，给主业单位提供一些增值的服务，比如说员工卫生健康这些业务，在统计时就引导着这些事让主业单位去做，一方面主业单位的医疗人员输出，给主业单位增收创效，另一方面更多地发挥主业单位的医疗人员的专业优势。另外，主业单位就是要专心地去做生产经营的事，但是它要经历一个过程，考虑到人员减少的问题，终有一个匹配，可能以后在这个平台上会慢慢地努力做实，但是当前必须先把员工服务平台做实，如果员工服务都做不好，那整个协调服务体系应该是不成功的。刚起步时，我们要求把规定工作做好，现在可以慢慢做一些市场化的增值服务，既能让主业单位赚取收入，又能让主业单位享受高品质的服务。通过三大平台作用的发挥，把这些区域的人聚起来。当主业单位人员数量下降时，特别是当他们真正外闯市场以后，组团出去的人更多，后面我们的支撑作用就更凸显出来。

（2）突出提质增效，着力提升后勤专业服务水平

瞄准系统领先、行业一流，对标追标创标，持续提升后勤专业服务水平，力争实现食堂食品合格率100%，员工服务、公寓服务、房产服务、矿区物业服务、热力运维服务满意度95%以上，食堂服务满意度90%以上，且零投诉。进一步优化完善专业化服务单位体制机制，及时跟进服务承接，打造精干高效的“项目＋团队”经营管理模式。进行权责体系研究，明确参与后勤服务各方主体职责分工、权限范围和工作流程，切实做到归口管理。推动以产品形式定制标准化服务，厘清定价规则，规范服务质量和服务考核标准，实现同一区域实行相对统一的标准和运行模式的管理方法，统筹资源，凝聚力量，提升后勤保障能力。立足科技创效，突出服务特色，建设一体化后勤服务管理信息系统，提升信息化支撑、智能化应用水平。

物业服务方面：在规范基础服务、拓展服务业态上下功夫。注重提升环境，要提高保洁、绿化、维修、秩序维护专业化水平，以内、外部环境改善赢得员工群众的信任。突出需求导向，细化服务标准，拓展服务项目，统筹区域资源、集成专业力量，优化项目运行，强化业务培训，提升服务质量。积极选树典型，固化经验，以典型力量推动标准落实落地，带动服务品质升级，树立专业化物业服务形象，打造矿区物业服务专业品牌。同时，统筹社会服务资源力量，分区域打造增值服务基地，推进构建以“专业维修服务、高端清洗服务、绿化技术服务、辅助管理服务、物流配送服务”为主要内容的 5 大系列增值服务体系，持续丰富服务内容、延伸服务业态，让主业干部员工享受到更为专业、更高标准、更多智能、更加舒适的全方位后勤物业服务。把加强平台建设作为提高质效的必由之路，推进构建“平台 + 管理 + 技术”服务模式，充分利用油田内、外部资源，助力新型后勤物业服务质效提升。建设整合利用社会资源的平台，畅通社会资源使用渠道，补齐大型机械设备，以及清淤、垃圾清运、设备维保等业务短板，加快提升专业化、机械化、智慧化服务水平。建设服务油田外闯市场创效的平台，发挥“管理 + 技术”优势，全力开拓大明东城工业园、港区工业园等园区高端物业服务市场，持续提升经营创效能力和整体质效水平。

房产服务：在夯实基础管理、规范经营行为、提高维修效率、降低风险隐患上下功夫。明确各类维修界面，规范工作流程，尽快回应基层单位需求，尽快解除员工群众后顾之忧。加快推进办公用房维修进度，挂图作战、倒排工期，积极跟主业单位对接，确保 41 个项目按照计划高质量推进。与主业单位深度对接，尽快建立办公用房“一房一档”清册。进行地毯式摸排，重点筛选 20 世纪 70—80 年代建造的存在安全隐患的办公用房，对于存在问题的办公用房，组织鉴定机构进行鉴定，明确措施，确保安全。以主业单位需求为导向，延展服务深度，拓宽服务厚度，增强服务精度，提升服务温度，拓展延伸“管家服务、专家服务、约时服务、加急服务、咨询服务、定制服务”6 大服务内容，推出有呼必应的“服务包”，打造服务主业的“合成旅”，打通服务主业单位的“最后一米”，真正做到“一对一”“点对点”“有呼必应，有应必达”,24 小时服务“在线”

不打烊，实现对办公用房全方位、全天候、全生命周期的服务保障，通过服务走心，让主业单位放心、省心、暖心，为主业单位提供有温度、有质感的办公用房服务，增强主业单位及员工的获得感、幸福感、满意度，为油田构建新型后勤服务管理体系赋能加力。

食堂公寓服务：在优化布局网点、创新服务方式、提升配餐质量上下功夫，推动食堂数量优化至 180 多个。持续提升品质，全面推动执行新餐标，改善伙食供给质量，提升餐饮服务满意率，让员工收获感成色更足。健全完善菜品研发体系，针对不同就餐需求，制定差异化菜谱，合理膳食搭配，推动餐饮更健康、更营养。聚焦价值创造，推动“团餐工厂化”，实现规模化、标准化、智能化，建立完善“直属单位餐厅 + 区域食堂 + 就餐点”三级布局，提升服务保障主业能力，推动油田餐饮产业变革，进一步拓宽社会化创效路径，创造后勤服务更大价值。加快信息化建设，推动餐饮智慧服务，做好就餐系统、供应链系统技术对接，选定技术路线，加快推进餐饮信息化进程。加强人才公寓管理服务，营造规范温馨、便捷舒适的拴心留人环境。与胜大分公司共同建立“源头直采 + 区域直采 + 自有品牌”采购模式，推动油田绿色生态农业、商贸配送、食堂配餐服务一体化协同发展，进一步发挥集采优势、激发降本活力，以更优质的食材惠及广大员工群众。依托食堂、矿区等场所联手开设便利超市，推广自制食品，拓展增值服务，让员工群众用最低的价格买到最好的产品。加强与车辆管理直属单位、运输分公司等单位合作，加快完善配送服务保障体系，实现全区域、长距离高效配送。持续梳理和腾出更多工作岗位，深化落实油田业务板块互供要求，与胜利工程公司加强合作，引进工程公司专业人才，拓展工程公司后勤服务，合力做大蛋糕、减少外委。

热力运维服务在保证质量、高效用热、绿色低碳上下功夫。进一步规范办公区供热（冷）服务标准，健全内部考核机制。针对不同区域管家的岗位职责、业务流程、设备操作和素质能力等实际要求，结合区域特点，采取集中讲解、现场实训、情景模拟、标准提升、实地检验考核等培训考核方式，全面提升供暖管家履职能力和综合素质。打造“胜利热力”办公运维服务品牌，彰显专业化服务品牌效应。提速智慧热力建设，落实矿区改造中热量表、物联网阀、室温表、压力温度计等仪器仪表的应用安装并正常投运。依托油田后勤服务体系建设，用好配套政策，争取在两年内，全面建成油区供热（冷）站点的远程集中调控系统。发挥专业技术优势，依托油田矿区改造提升工作，充分发挥在供热设计、施工、监理等方面积累的技术和经验，在矿区改造供热（冷）系统设计、代建、监理等工作中开辟新市场。在稳固办公制冷维修业务基础上，加大新技术培训力度，组建地源热泵、空气源热泵、中央空调等新能源机组维保业务专业人才队伍，不断提高业务创效能力。梳理影响主业单位供热（冷）质量客观因素，发挥热力专业特长，拓展非矿区改造提升区域业务范围，提出改造方案，理顺工程结算流程，为提升油田后勤保障能力作出热力贡献。

（3）突出优化增效，着力提升矿区管理维护水平

贯彻“四提一降一控”总要求。进一步夯实基础管理，理顺运行机制，规范运行流程，提升各项标准，依据区域总体规划，分步实施、压茬推进片区优化提升。深化机构改革，夯实组织基础。积极探索推进矿区优化提升项目部机构改革——做实项目部，压实矿区资产资源优化和改造提升工作主体责任，统筹推进全方位、全要素资产资源优化和改造提升工作，对项目可研、方案设计等工程项目进行全程管理，提升全链条质量效益，推动实现矿区资产资源优化最大化、工程质量最优化。加强项目调研，优选改造项目，有序组织实施新开工项目，优先安排重点工程配套、城市更新关联、安全隐患治理和员工热切期盼的项目。加强运行衔接，加快建设进度，继续推行“样板引路”模式，用成熟样板指导设计、统一思想、提高功效，不断提升完善、应用推广。大力实施绿化美化，做好生态林场建设。推进资源优化，加快公房不动产登记工作，完善办公用房市场化配置考核机制，加强房屋退出、土地盘活利用，促进矿区环境与城市规划协调同步。

（4）突出融合共赢，着力提升油地协调水平

坚持“政府主导、企业所能、融合共赢、群众受益”原则，在配合做好社会事务、统筹城市更新和矿区优化提升、平稳推进计生管理服务属地化、办社会职能分离移交收官、维护员工群众利益等方面下功夫。协调做好油地融合发展项目落实、人员规范管理、公共服务均等化事项落实等工作，推动落实低保特困和残疾人公共服务待遇，协调落实保障退休幼儿教师待遇，维护员工群众权益。加快推进资产土地移交查漏补缺，配合做好安全隐患治理和房产、土地权属变更手续办理，研究解决遗留问题，确保办社会职能分离移交全面收官。按照区域融合发展战略框架协议，确定重点推进事项，更好地服务油田、主业单位和员工群众，推动油地深度融合发展。

（5）突出升级服务，着力提升健康管理水平

员工健康管理在完善制度机制、规范体检、落实重点人员措施、建设健康企业上下功夫。以健康企业建设为总抓手，协同推进职业健康、身体健康、心理健康建设，贯通健康体检、健康评估、健康干预、健康促进和全民健身全环节、全链条，完善制度流程，强化责任落实、措施落实，持续推进员工健康管理全面升级。

综合2022年92458名员工健康体检结果、13249名员工生活方式问卷、12421名员工中医体质辨识问卷、12520名员工心理健康问卷调查，以及重新筛查的10463名健康重点关注人员体检结果分析显示，油田员工身体、心理健康状况不容乐观。

在职员工平均年龄偏高，不良生活方式导致的慢性非传染性疾病发病率较高，管理人员、一线员工身体健康状况堪忧、心理问题突出，员工在岗期间因病突发非生产性死亡事件时有发生（2023年第一季度发生5例），均与慢性非传染性疾病密切相关；健康体检工作急需规范优化。查体组织方式单一，缺乏个性化、针对性；体检质效不高，且存在查不出、查不准、误判等情况，油田层面没有建立体检机构引进、评价和退出机制；部分单位员工健康体检费用标准偏低，体检项目不能满足疾病筛查需要；健康重点关注人员占油田总人数的10.74%，但专业监护干预措施落实不到位；重点关注人员筛查标准不够精准、精细，一些多病共患的轻症风险人员未能引起单位足够重视；部分健康重点关注人员从事着与身体状况不相适应的高危作业或单独值班，存在生产安全风险和健康意外风险。油田员工2020—2022年健康状况对比如表9-1-1所示。

表9-1-1 油田员工2020—2022年健康状况对比 单位：%

健康状况	2020年	2021年	2022年
超重	33.10	31.50	28.60
血脂异常	39.80	40.95	42.83
脂肪肝	29.60	30.58	30.46
甲状腺异常	25.10	25.90	27.01
血压增高	19.30	21.30	23.62
心电图异常	12.40	14.86	20.98
血尿酸增高	17.60	18.38	18.65
空腹血糖增高	14.70	14.31	14.62

健康体检是做好员工健康管理重要的基础性工作，油田坚持问题导向，规范员工健康体检工作，构建和完善符合油田特点的员工健康体检服务体系，推动员工健康水平和健康素养全面提升，制定出台《规范在职员工健康体检工作方案》，按照“五统筹一加强”工作思路，对健康体检工作进行规范优化。

加强健康体检机构管理，建立健康服务市场准入机制，通过资质审核和现场考察，引进包括移交医疗机构、政府举办的公立医疗机构、部分优质社会体检资源在内的各类健康体检机构，承担员工健康体检工作。制定油田健康医疗服务市场队伍考核标准和负面清单，建立退出机制，定期组织体检质效评估、评价，对有负面清单行为的体检机构予以惩戒或清退。

满足员工个性体检需求，结合员工健康状况，制定基础型体检套餐，同时针对代谢性疾病、心脑血管疾病、呼吸系统疾病、消化系统疾病、肿瘤筛查等设计不同套餐，满足员工体检个性化需求。实行“单位集体组织 + 员工自主选择”的弹性体检方式，有特殊需求员工可就近就便自主选择体检机构。

加快员工健康管理信息化建设，完善员工健康管理信息系统，所有体检机构需与油田员工健康管理信息系统对接，确保员工健康信息源头采集、有效利用，依托信息系统筛查健康重点关注人员，个性化开展健康评估、健康教育、健康干预、健康促进，避免发生健康高危人员失管导致非生产性死亡事件。

统筹体检业务管理。在油田层面，由公共事业管理部统筹各类健康体检业务运行，会同相关机关部门建立协调运行机制，规划员工体检管理工作，制定员工健康发展策略，指导直属单位科学合理编制体检工作计划并监督落实。在直属单位层面，指定专责部门或单位归口管理，统筹各类健康体检工作业务运行，落实健康体检和员工健康监护干预一体管理，周密制订员工健康体检年度计划和工作方案并组织实施，避免分散管理、多头组织、重复检查、资源浪费。

落实“应检尽检”，油田在职员工每年不少于一次健康体检。其中：女工生殖健康和“两癌”筛查不再单独组织，纳入年度员工健康体检统筹运行；职业健康检查本着依法合规、方便群众原则，与健康体检“应合并尽合并”；心理健康检查指定选用适合油田员工特点的心理测量工具并组织运行。

统筹体检市场管理。公共事业管理部会同企管法规部，制定健康服务市场队伍引进使用评价标准，组织相关部门、直属单位和区域服务协调直属单位代表、部分职工代表等成立工作组，进行油田层面的框架选商，通过资质审核和谈判，约定服务区域、基本价格，发挥规模采购优势，优选健康体检机构，签订框架协议，承担在职员工健康体检工作。其中，健康体检服务价格不高于地方医保部门核定的医疗服务项目收费标准的75%。

油田每年组织健康体检机构框架选商后，发布《油田在职员工健康体检机构名录》，制定油田健康医疗服务市场队伍考核标准和负面行为清单，建立退出机制，定期组织体检质效评价，对有负面清单行为的体检机构及时予以惩戒或清退。直属单位结合单位实际，在《油田在职员工健康体检机构名录》中选择员工健康体检服务机构，使用油田发布的服务项目、价格，或在不超过油田价格基础上谈判确定适用价格、服务项目，并按有关程序规定签订员工健康体检合同书。

统筹体检服务标准。遵循科学性、适宜性及实用性的原则，结合油田工作特点和员工健康状况，制定“1+5+X”健康体检套餐（1个健康体检基础套餐，针对代谢性疾病、心脑血管疾病、呼吸系统疾病、消化系统疾病、恶性肿瘤等常见病、多发病设计5个查体套餐，同时设计少量体检项目，供员工自主选择）。所有体检项目须为经卫生行政部门技术准入，并经临床证实、技术成熟的检查项目。直属单位可在油田提供的参考套餐项目基础上结合实际进行优化调整，员工个人也可在各类体检参考套餐项目基础上自选其他项目进行检查，超出单位核定标准的费用由个人承担。

适度满足员工个性化体检需求，实行“单位集体组织 + 员工自主选择”的弹性健康体检方式，一般由单位集体安排体检机构和体检时间，有特殊需求员工经单位同意，可就近就便自主选择名录内的体检机构，体检费用实行记账管理。加快推进员工健康信息化建设，尽快实现员工自主选择体检机构、体检预约和记账管理等事项“人脸识别”和“掌上办理”。驻外单位和项目部，可参照本方案就近选择优质健康体检机构，做好员工健康体检工作。

统筹体检服务质效管理。直属单位应统筹考虑各类健康体检和职业健康检查需求，选择资质全、质量高、服务好的体检机构，在依法合规的前提下，尽量做到各类体检“一次组织、一次完成”，减少重复检查，减轻基层和员工负担。统筹优化体检项目，通过谈判明确双方责权，争取量大折扣优惠，确定健康体检质效监控标准，拉长体检服务链条，明晰个人和单位体检报告、健康评估报告、阳性结果复检、重点关注人员筛查和监护干预等服务条款，在费用标准内尽量增加服务项目，发挥资金最大效能，提升员工群众的获得感。

承担健康体检业务的机构要出具被检员工个人体检报告和被检单位团体体检综合评估报告，提出健康管理意见，指导员工健康行为，并结合健康体检、专项筛查结果和健康问卷调查，组织开展个性化健康评估，协助筛查健康重点关注人员，指导开展健康干预工作。油田完善体检机构员工体检质量考核机制，建立机关部门、直属单位、区域服务协调直属单位（站）和部分职工代表参加的健康体检质效考评委员会，定期组织评价考核，收集基层单位和员工反映情况，对经考核不合格的体检机构，取消其油田员工健康体检资格，依法终止协议或合同。

加强健康重点人员管理。直属单位健康管理部门和群团组织落实管理责任，基层单位要落实主体责任，建立“一对一”对接帮扶机制，做好健康重点关注人员关爱、监护和干预工作，通过落实家庭医生签约或购买专业服务，落实个人、单位、体检机构或社区卫生服务机构各方责任，根据实际优化健康重点关注人员筛查标准，适当扩大范围，缩短监测周期，确保健康重点关注人员“一人一策”监护干预措施落实落地，健康状况持续改善。

基层单位要把员工上岗前健康评估作为班前会和岗前安全评价的重要内容，做好员工上岗前情绪、行为、血压等异常监测评估，做到“人不健康不上岗”。对不宜从事高风险岗位或独立值班的健康重点关注人员，单位要及时调整其岗位或妥善安置，主动防范员工在岗期间非生产性死亡和生产安全事故。

全方位加强健康教育，健康教育“进媒体”。充分发挥互联网、微信、微博、客户端等新媒体和电视、报纸、宣传品等传统媒体作用，持续开展新冠病毒感染和其他传染病、慢性非传染性疾病防治知识宣传教育，积极倡导文明健康生活方式，教育引导员工当好自身健康第一责任人。健康教育“进食堂”。用好食堂宣传教育阵地，开展“三减三健”“三减控三高”等健康知识教育，通过建立营养膳食区等方式，引导和提倡合理膳食、健康饮食，防止“病从口入”。健康教育“进车厢”。在班车通勤途中播放疫情防控、慢性病防治、AED使用等健康教育视频，发放健康宣传手册，并定期更新内容。加强驾驶员医疗保健意识和急救知识教育培训，提高通勤途中自救、急救能力。健康教育“进电梯”。矿区物业服务直属单位、机关管理服务直属单位等要在电梯中设置急救手册挂袋，定期投放健康手册，方便员工群众取阅，并做好更新维护。普及应急救治基本技能，开展全员心肺复苏和AED使用培训，提高员工群众健康意识和急救能力，达到人人会用、敢用心肺复苏和AED。

突出价值创造，着力打造胜利服务品牌，牢牢把握“品牌意味着高质量、高品位、高附加值”“好的品牌会讲故事，好的品牌能够创效”的理念，锚定“石油石化行业领先服务企业”总目标，对标国内领先、行业一流，聚焦强化质效提升，全面构建科学规范、运行高效的现代企业管理体系，加快打造胜利后勤服务品牌，让真诚、专业、优质、高效的服务理念得到广泛认同，以新风貌走在油田新型后勤系统乃至石油石化行业前列。

对标国内先进企业，对标百川公司、江苏紫京集团等系统内先进单位，充分发挥专业化单位的技术、人才、队伍优势，深化精细管理，推进规范服务，提升竞争能力，在丰富品牌内涵的同时，实现增值创效。立足传承石油传统、石化特色，切合胜利油田实际，打造标准规范、品质领先、服务优质、健康温馨的特色亮点，培育品牌种子，加强服务品牌宣传推介，提升品牌辨识度、知名度和美誉度，达到各项指标可控，样样工作创品牌、争一流，更好地支撑保障主业，打造百年胜利。

采用“协同合作互利共赢”的“后勤服务共同体”模式，共同培育“管理+技术+服务”团队，携手参与社会化竞争，构建“优势互补、产业集聚、布局合理、质量提升”具有核心竞争力的特色产业集群，共同打造胜利后勤服务品牌。完善质量标准体系、视觉识别体系和文化理念体系，塑造品牌形象，增强文化共识，并以丰富的载体和多种形式营造浓厚的文化品牌氛围，增加主业单位和员工群众的体验感。

结束语

构建新型后勤服务管理体系，促进资产资源优化增效，是对油公司体制机制的系统性深化，事关员工群众切身利益，直接关乎油田全面可持续高质量发展能否营造和谐稳定的大环境，重要性不亚于主业的增储上产。各级单位要提高站位、顾全大局，统一思想、统一行动，加强组织领导、强化观念引导，确保改革部署顺利推进，不断提升员工群众的获得感、幸福感。

当前油田后勤管理工作的核心是提高服务质效。一是坚持思想引领，提高服务意识。深刻认识后勤服务在企业高质量发展中的支撑保障作用，当好胜利管家，提高服务意识，把麻烦揽上来，把方便送下去，以时时放心不下的责任感解决好主业单位和员工群众“急难愁盼”问题。二是坚持需求导向，创新服务模式。员工服务重在规范基础服务，搭建平台拓展增值服务。食堂公寓重在进一步整合资源，合理布局团餐工厂，优化配餐方式，有序推进“去厨师化”。物业服务重在做优基础服务，积极拓展服务业态。热力运维服务重在高效用热，在绿色低碳应用上走在前、做表率。资源优化重在提升全要素劳动生产率。服务质量重在对标总部后勤服务直属单位（百川公司和江苏紫京集团等），对标国内先进企业，提升素质能力，打造过硬团队。管理提效重在建设一体化后勤服务管理信息系统，提升信息化支撑、智能化应用水平。监督考核重在服务对象评价，以服务满意率考核为指挥棒，把考核评价权力交给主业单位和员工群众，发挥机关部门“引领统筹、指导服务、监督监控”职能，把功夫下在现场，把问题解决在平常，督促服务单位及时高效地解决主业的问题。三是坚持底线思维，强化风险管控。及时识别管控风险，排查治理隐患，提高本质安全水平，加强生活垃圾分类管理、生活污水存放和食堂油烟净化管理。瞄准突出问题，持续推进油田后勤服务系统风险分级管控和隐患排查治理双重预防机制建设，强化自建房、燃气安全专项排查整治，协调做好移交小区重大安全隐患治理，着力做好后勤服务承接过程中的安全监管，推进 QHSE 重点工作取得明显成效。四是坚持融合互促，发挥党建引领作用。加强党员队伍和干部人才建设，提高经营能力。发挥业务管理优势，深化后勤服务工作与党建工作融合互促，着力提升基层基础管理水平。加强宣传引导，倡导健康生活方式，持续开展“光盘行动”。

中国石化集团公司党组明确，成立总部后勤服务中心，负责集团公司后勤服务业务指导。我们感觉有了主心骨，对做好后勤服务工作进一步增强了信心。相信在上级部门的指导下，后勤服务一定能为集团公司实施领先战略、实现高质量发展作出新的更大的贡献。一是建议加强规划引导，明确后勤服务定位。制定后勤服务“十四五”发展规划，将后勤服务有机融入集团公司和企业发展规划，为后勤服务业务发展标定目标、明确方向。二是建议加强业务领导，提升后勤服务能力。促进系统内同行业业务交流，加大人才培养力度，拓宽视野，瞄准领先企业目标，为领先战略提供更强保障，以规范化管理、信息化支撑、标准化服务引领后勤服务工作提质增效，着力打造中国石化后勤服务品牌。当前，面临油田后勤服务队伍老化问题。一方面，我们加强业务培训，提高现有从业人员业务水平；另一方面，建议出台支持政策，引进部分骨干经营管理技术人员，为后勤服务系统长远发展奠定人才基础。三是建议加强工作指导，厚植胜利优势。胜利油田历经多年积淀，具有丰富的后勤服务资源，具有较强技术、管理、人才、服务、队伍、品牌优势，建议总部后勤服务中心为油田专业化服务队伍走出去指方向、搭平台、竖梯子，促进油田后勤服务力量更好地服务总部机关和其他兄弟企业，以及更好地服务社会。

参考文献

[1] 宋希博. 建立后勤服务质量管理体系，实施规范化管理和标准化服务［D］. 北京：北京理工大学，2014.

[2] 周燕. 提升油田基层后勤服务工作水平的路径探索［J］. 财经观察，2018，1（1）：119–121.

[3] 胡莎，肖荼圆. 新时代下智慧后勤建设的探索与思考［J］. 中国管理信息化，2002，12（23）：107–110.

[4] 姚恒尹. 政府机关后勤管理体制改革研究［D］. 广州：华南理工大学，2009.

[5] 梁妙玲. 国有企业行政后勤服务体系改革效果调研及政策建议［J］. 财经观察，2017，5（10）：30–35.